FICHA CATALOGRÁFICA

(Preparada na Editora)

Notáveis reportagens com Chico Xavier. Organização e Notas de Hércio Marcos Cintra Arantes. Araras, SP, IDE, 2ª edição, 2023.

256 p.

ISBN 978-65-86112-37-5

1. Espiritismo 2. Mediunidade I. Arantes, Hércio Marcos Cintra, 1937-2016. II. Título.

CDD -133.9
-133.91

Índices para catálogo sistemático:

1. Espiritismo: 133.9
2. Mediunidade: Entrevistas: Espiritismo 133.91

Notáveis Reportagens com Chico Xavier

ISBN 978-65-86112-37-5

2ª edição - maio/2023

Conselho Editorial:
Doralice Scanavini Volk
Wilson Frungilo Júnior

Organização, Notas e Índice Analítico:
Hércio Marcos Cintra Arantes

Produção e Coordenação:
Jairo Lorenzeti

Revisão de texto:
Mariana Frungilo Paraluppi

Capa:
Samuel Carminatti Ferrari

Diagramação:
Maria Isabel Estéfano Rissi

reportagens reproduzidas do jornal *O Globo*
com autorização da Agência O Globo,
do Rio de Janeiro, RJ.

Parceiro de distribuição:
Instituto Beneficente Boa Nova
Fone: (17) 3531-4444
www.boanova.net
boanova@boanova.net

Impressão e acabamento:
PlenaPrint

INSTITUTO DE DIFUSÃO ESPÍRITA - IDE
Rua Emílio Ferreira, 177 - Centro
CEP 13600-092 - Araras/SP - Brasil
Fones (19) 3543-2400 e 3541-5215
CNPJ 44.220.101/0001-43
Inscrição Estadual 182.010.405.118
www.ideeditora.com.br
editorial@ideeditora.com.br

Notáveis Reportagens com Chico Xavier

ide

Sumário

Sumário das ilustrações

Em homenagem a Chico Xavier

Prezado Leitor,

Francisco Cândido Xavier iniciou sua sublime missão de intérprete da Espiritualidade Superior no dia 8 de julho de 1927, com apenas 17 anos de idade.

Em 1932, foi editado o primeiro livro de sua lavra mediúnica, o *Parnaso de Além-Túmulo,* de autoria de consagrados poetas luso-brasileiros, que alcançou grande sucesso, transformando-se num expressivo cartão de apresentação de um novo médium em terras brasileiras...

Dois anos depois, em 5 de dezembro de 1934, desencarnou, no Rio de janeiro, o famoso escritor Humberto de Campos, deixando milhares de leitores saudosos de suas ricas páginas literárias, especialmente das crônicas tão saborosas.

Mas, surpreendentemente, já a partir de 27 de março de 1935, surgiram novas crônicas deste laureado escritor, vindas do Mais Além, com o seu estilo inconfundível, por intermédio de Chico Xavier.

O sucesso foi tão significativo que essas belas e instrutivas mensagens mereceram o acolhimento da grande imprensa.

Foi então que um dos maiores jornais, *O Globo,* do Rio de Janeiro, enviou um repórter a Pedro Leopoldo, cidade mineira onde residia o médium, com a tarefa específica de colher informações detalhadas dos trabalhos mediúnicos que ali se desenvolviam.

Assim, Clementino de Alencar se hospedou num hotel sem prazo definido para alcançar seus objetivos.

O repórter iniciou sua tarefa em 23 de abril de 1935, enviando sua reportagem, quase diariamente, ao Rio de janeiro, trabalho que se prolongou até 25 de junho do mesmo ano. Esta matéria, intitulada "Mensagens de Além-Túmulo!", publicada a partir da edição de 1º de maio, mereceu excepcional destaque da redação, pois, todas as vezes, a parte inicial foi estampada na primeira página, sempre ilustrada com fotos, e a parte final, impressa logo na terceira.

Digno de nota é que o culto repórter não se limitou a registrar os fatos, visto que também entrevistou os Espíritos com temas palpitantes e realizou interessantes "testes", como assim ele os denominou, com a mediunidade de Chico Xavier.

Todo esse notável trabalho de Clementino de Alencar, feito com muito respeito ao médium e absoluta imparcialidade diante dos fatos, mereceu de Almerindo M. de Castro, ao redigir o Apêndice da obra *Novas Mensagens* (Espírito Humberto de Campos, F. C. Xavier, FEB, Rio de Janeiro, 1940), esta expressiva avaliação: "(...) o grande vespertino *O Globo,* desta capital, fez, junto de Francisco Cândido Xavier, a mais sensacional reportagem registrada nos anais do psiquismo, (...) o talentoso e imparcialíssimo repórter destacado manteve os leitores de *O Globo* enlevados com a narrativa e a documentação da maravilhosa mediunidade de Francisco Cândido Xavier".

Portanto, amigo leitor, graças ao admirável zelo do confrade Nabor da Graça Leite, ao guardar os recortes dos originais do jornal *O Globo*, de 1935, nas dependências do Centro Espírita Amor e Caridade, de Bauru, SP, e à fraterna permissão dos atuais dirigentes dessa instituição para que reuníssemos, em livro, tais reportagens, além da gentil autorização da Agência *O Globo*, do Rio de Janeiro, esta Editora sente-se honrada e feliz pela oportunidade de colocar em suas mãos, com atualização ortográfica, a presente coletânea de reportagens de inestimável valor documental e histórico para o Espiritismo, homenageando o nosso querido benfeitor Chico Xavier (2/4/1910 – 30/6/2002), que regressou ao Mundo Maior após cumprir sua elevada missão com extremo devotamento, muito amor e permanente fidelidade a Jesus e a Kardec.

Araras, 3 de outubro de 2002

Hércio Marcos C. Arantes

1

Frente a frente com Francisco Cândido Xavier, o homem que afirma receber as crônicas de Humberto de Campos*

Histórias da meia-noite – Plágios de fantasmas – "Esse Chico Xavier é um caso bem interessante" – O homem confidente da morte

PEDRO LEOPOLDO, 23 (Do enviado especial de *O GLOBO*, Clementino de Alencar) – As histórias de fantasmas narradas por várias bocas, ao fim do jantar de ontem, deixaram-nos uma impressão que, confessêmo-lo, perturbou-nos um pouco o sono...

Principalmente esta, contada, com muita arte, por um dos presentes:

"Um proprietário dos arredores de Sabará recebeu, certo dia, a visita de um seu amigo e compadre, vindo de Belo Horizonte, e, como de hábito, ofereceu-lhe "posada". O quarto reservado ao visitante dava para uma dessas amplas varandas típicas das fazendas do interior e era separado dessa por larga porta envidraçada.

O hóspede e amigo recolheu-se ao seu aposento cerca das 23 horas e, como a noite estivesse fria, fechou à chave a porta envidraçada. Estendido na cama, pôs-se, depois, a ler jornais que trouxera da capital. Silêncio. De repente, porém, ouviu ele um toc-toc lento de passos na varanda.

– Aí vem ainda o diabo do compadre – pensou – encurtar-me as horas de sono com suas conversas que não acabam mais...

E, rápido, soprou a chama da lamparina, fingindo que já dormia.

* Houve grande repercussão na imprensa quando o médium Chico Xavier começou a receber belas páginas do renomado escritor Humberto de Campos (25/10/1886 - 5/12/1934), em seu estilo inconfundível, pouco meses após a sua desencarnação. (Nota do Organizador.)

Francisco Cândido Xavier, na primeira fotografia estampada pelo jornal O Globo, *em sua edição de 1º de maio de 1935, que inaugurou uma série de reportagens ao longo de dois meses. Nesta época, o médium já apresentava o olho esquerdo gravemente enfermo, com moléstia incurável iniciada em 1931.* (Copyright *Agência* O Globo*)*

Mas, do escuro, ficou à espreita. Quem vinha não era o compadre. Era um sujeito alto, espadaúdo, de expressão severa. Com a maior sem-cerimônia, empurrou a porta e entrou. Apesar de estar o quarto às escuras, começou a dar, no seu interior, passadas tranquilas de um lado para outro. E os polegares, enfiados na cava do colete, tamborilavam com os dedos no peito, produzindo um som cavo:

– Tun-tun-tun... tun-tun-tun...

Depois, percebendo ali uma presença, parou junto à cama e inclinou-se para examinar, com o olhar, o homem que dormia...

Foi só. Fez, depois, meia-volta e saiu, com a mesma naturalidade e o mesmo toc-toc lento, pela varanda a fora, desaparecendo no silêncio e na noite.

O hóspede, então, ergueu-se e correu à porta. Esta continuava fechada. Impressionado com a estranha visita, quase não dormiu e, no outro dia, comunicou o fato ao compadre. Este levou-o ao salão da fazenda e, mostrando-lhe retratos pendurados pelas paredes, perguntou se o misterioso visitante era um dos retratados.

– É este! – apontou, afinal, o hóspede.

– Está certo – considerou o compadre. – Esse era meu irmão e morreu há anos. Outras pessoas daqui já o viram naquele quarto. Julguei que fosse sugestão. Mas não. Você, que ontem o viu, chegou de longe, não conhecia a lenda e não podia estar sugestionado."

Como se vê, a versão é a mesma que serviu ao "The tapestried chamber", de Walter Scott, apenas o fantasma mudou de sexo e continente. Mesmo assim, torna-se evidente que há plágio de hábitos e atitudes até entre fantasmas... O seu poder, porém, é tal que, mesmo a ideia dessa aparição decalcada, trouxe-nos sobressaltos ao sono. E foi com alívio que demos com os olhos ao dia, esta manhã...

"Implorar! Implorar! Só a Deus!..."

São as crianças que cantam na varanda. A alma do morro chegou até Pedro Leopoldo.

O Imprevisto

"– Bom dia. Dormiu bem?"

Café. Rua.

Na frente do cinema, ouvimos uma frase mais longa de cumprimento. Voltamo-nos.

Diante de nós estava uma figura idosa, simples e simpática. O professor Tão Júnior. Foi rápido no prender-nos para a palestra. Filho de Sete Lagoas, já lecionou até no Rio de Janeiro. Gostava de Pedro Leopoldo. Falou, com entusiasmo, da simplicidade e pureza dos costumes locais e dos fatores que dão à cidade riqueza e vida própria.

Depois, fez uma pausa e olhou-nos com curiosidade.

Valemo-nos do pretexto:

– Estamos à espera do coletor.

– Já voltou. Chegou à noite passada – acudiu o professor com um sorriso de boa notícia.

E apressou-se a mostrar-nos, com o dedo, a casa, que dali se avistava, onde mora o Sr. Maurício Azevedo e a da coletoria ao lado.

– Vá lá agora, que ele já deve estar na coletoria.

Colhidos assim de imprevisto, resolvemos seguir o conselho do professor. Mas o Sr. Maurício estava dormindo. Que voltássemos depois do meio-dia.

Lápis e objetiva à mostra

À tarde, pois, encontramo-nos com o coletor federal.

Na véspera, tínhamos sido informados de que as sessões espíritas se realizavam aqui às quartas e sextas-feiras.

Era terça. No outro dia, haveria sessão. Estávamos em cima da hora.

Por isso, quando nos vimos diante do Sr. Maurício, resolvemos pôr, de vez, à mostra, a objetiva e o lápis da reportagem.

Depois, tudo se desenrolou rapidamente.

"Um caso que fica sem solução"

O Sr. Maurício atende, amavelmente, o repórter, que lhe pede informações sobre o famoso médium de Pedro Leopoldo.

A certa altura, diz-nos:

– Eu, francamente, não me interesso por assuntos espíritas nem ponho muita crença a respeito. Mas esse Chico Xavier é um caso bem interessante. Fica-se assim como quem nem acredita nem nega. Deixa-se o assunto na esfera das coisas vagas, das coisas que não podemos compreender. Esse rapaz, pelo menos para mim, é um caso que fica sem solução.

Oferece-nos um cigarro e acrescenta:

– Mas os senhores julguem por si. Vou convidar o homem a vir aqui, agora mesmo.

Um garoto parte, correndo, com o convite.

O confidente humilde da Morte

O coletor debruça-se sobre os papéis que enchem sua mesa.

Passam-se alguns minutos de silêncio e espera.

Depois, timidamente, uma cabeça, quase risonha, quase assustada, surgiu à porta.

– Pronto, doutor...

– Entre, Chico Xavier.

Ele atende. Está agora à nossa frente, encostado à parede, evidentemente embaraçado diante daquela cara estranha e daqueles olhos curiosos.

Não traz chapéu nem gravata e todo o seu traje é um atestado de pobreza. É moreno, de um moreno carregado, e tem cabelos muito negros, compridos, crespos. Baixo, compleição forte. Caboclo. Mas no físico, não na expressão. Esta é de estranha humildade e doçura. Com o sorriso leve que mostra agora, seu rosto tem até um ar de ingenuidade. Lá longe, na cidade grande, diriam dele:

"– Um bobo!"

Seu embaraço se acentua quando lhe pomos o olhar no casaco surrado, na camisa aberta, nas calças de brim remendadas, nos sapatos cambaios.

Com a mesma timidez da entrada, ele observa-nos:

– Desculpem ter eu vindo nestes trajes. Estava trabalhando. A vida tem que ser assim. Trabalhar...

O coletor falou em "jornalistas". Preferíamos que a apresentação não fosse tão pronta. Mas a palavra está dita.

Justificamos nossa presença ali: as mensagens divulgadas no Rio.

Na confusão em que está, seu sorriso e suas frases se desdobraram, com intermitências bruscas, reticências sem malícia:

– Ah! Sim... Foi um senhor do Rio... Mas sou um pobre rapaz do mato... Não convém tanta notícia... Por favor... deixem-me assim mesmo, na obscuridade...

Observamos-lhe que o assunto, a notícia, já está lançado no Rio, que as mensagens estão sendo muito comentadas e discutidas e que os esclarecimentos e as impressões que vimos colher não lhe farão mal.

– Mas tenho receio... Os jornais falam, depois toda gente por aí se põe a discutir, não me deixam mais tranquilo no meu canto... Além disso, depois, quererão de certo que eu faça coisas que não poderei fazer... o impossível...

Por um momento, meditamos sobre essas palavras. Chico Xavier é bom psicólogo também... Fama de faculdades extraordinárias?... Multidões à porta... Romarias de doentes e desesperados... Solicitação de prodígios... Corpos em busca da cura, almas em busca de consolo... A humanidade ainda não pôde prescindir dos deuses, dos magos e dos milagres.

E até no mistério da morte ela vai procurar socorro e consolação para a vida...

As confidências

A audiência ali, na sala da coletoria, é rápida. Chico Xavier é o único caixeiro da venda de Seu Zé Felizardo, e Seu Zé está doente. O balcão ficou abandonado. Chico Xavier tem que voltar já para lá; mas ali estará à nossa disposição, ou, mais tarde, em sua casa, às 20 horas, quando deixa o trabalho.

Indagamos, antes de ele ir-se, se tem já mensagens ulteriores às publicadas no Rio, isto é, recebidas depois de 28 de março último.

Ele diz que tem mensagens, versos, etc., ainda inéditos, de antes e depois da data citada.

Fala com um tom de sinceridade que impressiona.

– Se o senhor esperar aqui, eu lhe mandarei já todas essas mensagens e versos, para o senhor ler.

E foi-se, apressadamente, para o balcão pobre da venda sertaneja.

Pouco depois, recebíamos, numa pasta de papelão, uma série de produções, crônicas, versos e produções outras enviadas de Além-Túmulo, segundo a declaração escrita ao pé, por Augusto dos Anjos, Auta de Souza, Carmen Cinira, Antônio Nobre, Emílio de Menezes, Casimiro Cunha, João de Deus, Antero de Quental, Guerra Junqueiro, Hermes Fontes, Humberto de Campos, Bilac, Luiz Guimarães, Léon Denis, J. P. d'Oliveira Martins, Bittencourt Sampaio, Julio Diniz, Eça de Queiroz, Thereza d'Avila, Camilo Castelo Branco, Martha (?) e um Emmanuel, guia do médium.

À vista, aquelas páginas alvoroçam-nos um pouco.

Voltamos ao hotel.

E, com uma estranha sensação de mistério e de milagre, o repórter se entregou à leitura daquelas confidências comovidas da morte.

(Do jornal *O Globo,* Rio de Janeiro, RJ, 1º/maio/1935.)

2

O GLOBO PUBLICA HOJE UMA NOVA CRÔNICA DE HUMBERTO DE CAMPOS, QUE O "MÉDIUM" DE PEDRO LEOPOLDO DIZ TER RECEBIDO A 15 DE ABRIL ÚLTIMO

Um punhado de versos recolhido no arquivo de Chico Xavier – Bilac, Augusto do Anjos, Carmen Cinira – Uma súplica da cigarra morta – No rumo do impressionante

Pedro Leopoldo, 23 (Do enviado especial de *O GLOBO*, Clementino de Alencar) – Recolhido ao seu quarto de hotel, logo após o primeiro encontro com Chico Xavier, na Coletoria, o repórter entrega-se, na tranquilidade da tarde, à leitura daquele verdadeiro arquivo de mensagens de Além-Túmulo que o médium lhe deixara em mãos.

Nossos olhos correm, há um tempo curiosos e ansiosos, sobre aquelas páginas incríveis que o caixeiro bisonho e humilde afirma ter recebido, em transe, do mundo das sombras invisíveis, que ficam para lá dos limites das nossas percepções normais.

Prosadores e poetas, com cujo Espírito julgávamos ter perdido, definitivamente, todo o contato que não fosse o das obras que nos deixaram, ali de novo, e imprevistamente, falam-nos numa linguagem que – mesmo sem perder, em muitos, as peculiaridades de estilo inconfundíveis – traz um reflexo de estranhas claridades e um mágico sabor de purificação.

São os vates familiares à nossa alma e ao nosso coração que voltam – verdade? ilusão? – ao alcance da nossa sensibilidade para, de novo, alvoroçarem, como dantes, na fase inesquecida de suas manifestações terrenas, o mundo arcano de nossas emoções.

Chico Xavier, em seu posto, no balcão da venda do Sr. José Felizardo Sobrinho, que se vê ao lado. O médium empunha uma grande "concha", na época muito utilizada para pesar mercadorias a granel. (Copyright, *Agência* O Globo*)*

Bilac, Emílio, Hermes Fontes, Cruz e Souza, Antonio Nobre, Quental, Carmen Cinira, Augusto dos Anjos e outros, muitos outros, ali novamente cantam e sonham, sofrem e esperam, na expressão daquelas páginas ditas psicografadas depois de sua morte.

Devemos crer nesse parnaso do Além?

Esqueçamos, por ora, as dúvidas. Fique a análise para mais tarde.

Agora, deixemos cair sobre essas páginas, por momentos, o olhar encantado da ilusão.

Jesus ou Barrabás?

Aqui, damos com o nome de Bilac, ao pé de um soneto. O fecho parece-nos um pouco fraco, mas, no conjunto, encontramos ainda o ritmo solene do cantor da "Tarde".

"Jesus ou Barrabás?" é o título que encima os versos:

Sobre a fronte da turba há um sussurro abafado.
A multidão inteira, ansiosa, se congrega,
Surda à lição do amor, implacável e cega,
Para a consumação dos festins do pecado.

– "Crucificai-o!" – exclama... Um lamento lhe chega
Da Terra que soluça e do céu desprezado.
– "Jesus ou Barrabás?" – pergunta, inquire o brado
Da justiça sem Deus, que trêmula se entrega.

– "Jesus!... Jesus!... Jesus..." – e a resposta perpassa
Como um sopro cruel do Aquilão da desgraça,
Sem que o Anjo da paz amaldiçoe ou gema...

E debaixo do apodo e ensanguentada a face,
Toma da cruz da dor, para que a dor ficasse
Como a glória da vida e a vitória suprema.

"Dentro da noite"

Depois, Augusto dos Anjos, sempre atormentado, complexo, profundo:

É noite. À Terra volvo. E, lúcido, entro
Em relação com o mundo onde concentro
O espírito na queixa atordoadora

Da prisioneira, da perpétua grade,
– A misérrima e pobre Humanidade,
Aterradoramente sofredora!

Ausculto a humana dor, que hórrida sinto,
D'alma quebrando o cárcere do instinto,
Buscando ávida a luz. Por mais que sonde,
Mais o enigma do mundo se lhe aviva,
Em diferenciação definitiva,
Mais a luz desejada se lhe esconde!

É o quadro mesológico, tremendo,
De tudo o que ficou no abismo horrendo
Da tenebrosa noite dos gemidos;
São os uivos dos instintos jamais fartos,
As dores espasmódicas dos partos,
A desgraça dos úteros falidos.

Queixa-se, depois, o poeta morto da tortura da hiperestesia que o faz ainda sentir a emanação "do ácido sulfídrico das tumbas" e o "Tóxico e o veneno", dos "infortúnios da Terra".

"Carmen Cinira! Carmen Cinira!"

Ao fim desse drama de sensações tremendas que Augusto dos Anjos nos traça, chegamos, com alívio, ao estro delicado de Carmen Cinira:

"Carmen Cinira! Carmen Cinira!
Que é da minha cigarra cantadeira?
Embalde te procuro.
Por que cantaste assim a vida inteira,
Cigarra distraída do futuro?

Perturbada,
Aturdida,
Busco a mim mesma aqui nestoutra vida..."

Sente, então, a poetisa que outra existência se revela após a Terra. E dirigindo-se ao Senhor:

"Eu te agradeço a paz que já me deste,
Mas eis que ainda te imploro comovida,
Porque me sinto em fraca segurança;
Deixa que eu guarde ainda nesta vida
Meu escrínio de estrelas da Esperança."

Humberto...

E os olhos da ilusão continuam sofregamente a correr sobre aquelas páginas de confidência e de mistério...

Outros poetas passam outros tormentos e outras redenções. Depois os versos cessam, e a prosa esparrama-se sobre a folha branca.

Humberto...

Nosso olhar desprende-se do papel um momento e alonga-se pela janela a fora, por sobre o casario, até ao dorso da colina distante por onde descem, à tarde, os carreiros de Matozinhos.

Humberto de Campos...

Nas suas "Memórias inacabadas", esse nos diz, falando pelas lembranças da sua adolescência:

"Eu tinha dezesseis anos, e desde os oito ou nove, a morte e as cousas de além da morte constituíam a minha constante preocupação."

E mais adiante:

"O que me afligia e atordoava não era, todavia, o pavor do Inferno católico, o castigo na outra vida, a privação possível da bem-aventurança assegurada aos que tivessem fé. Os meus tormentos neste mundo já eram tantos que pouco me preocupavam os do outro. O que me perturbava e desorientava era o conhecimento, que eu tomara, da situação miserável do homem na Terra e no Universo. Eu tinha crescido na certeza de que o Homem era o Rei das coisas criadas e de que tudo girava, no mundo, em torno dele. E eis que, lendo os mestres, conversando os Espíritos culminantes do meu século, verificava que os mais esclarecidos, os mais fortes, eram, em relação aos fenômenos da Vida e da Morte, tão ignorantes quanto eu! De que tinham servido, então, os milênios rolados desde a origem das cousas para o abismo dos Tempos? Que tinham feito filósofos e cientistas, homens de pesquisa e homens de meditação, que eu, chegando tão tarde ao planeta, lançava, ainda e debalde, o grito surdo do meu Espírito, pedindo a todos os ventos uma voz enérgica e segura que me desvendasse a Verdade?"

O ciclo da sua vida terrena encerrou-se não faz muito. A morte já lhe fez a sua revelação. E agora aqui o temos de novo, a falar-nos do seio dos mistérios sombrios que lhe inquietavam as cismas daqueles anos distantes.

Nossos olhos recolhem-se, caem outra vez sobre o papel e leem:

"Judas Iscariotes

(Comunicação mediúnica recebida em P. Leopoldo
no dia 19 de abril de 1935)

Silêncio augusto cai sobre a Cidade Santa. A antiga capital da Judeia parece dormir o seu sono de muitos séculos. Além, descansa Getsêmani, onde o Divino Mestre chorou numa longa noite de agonia; acolá, está o Gólgota sagrado, e em cada coisa silenciosa há um traço da Paixão que as épocas guardarão para sempre. E, em meio de todo o cenário, como um veio cristalino de lágrimas, passa o Cedron silencioso, como se as suas águas mudas, buscando o Mar Morto, quisessem esconder das vistas dos homens os segredos insondáveis do Nazareno.

Foi assim, numa destas noites, que vi Jerusalém vivendo a sua eternidade de maldições.

Os Espíritos podem vibrar em contato direto com a História. Buscando uma relação mais íntima com a cidade dos profetas, procurava observar o passado vivo dos Lugares Santos. Parece que as mãos iconoclastas de Tito por ali passaram como executoras de um decreto irrevogável. Por toda parte ainda persiste um sopro de destruição e desgraça. Legiões de duendes, embuçados nas suas vestimentas antigas, percorrem as ruínas sagradas e, no meio das fatalidades que pesam sobre o império morto dos judeus, não ouvem os homens os gemidos da humanidade invisível.

Nas margens caladas do Cedron, não longe talvez do lugar sagrado onde o Salvador esteve com os discípulos, divisei um homem sentado sobre uma pedra. De sua expressão fisionômica irradiava-se cativante simpatia.

– Sabe quem é este? – murmurou alguém aos meus ouvidos. – Este é Judas...

– Judas?

– Sim. Os Espíritos apreciam, às vezes, não obstante o progresso que já alcançaram, volver atrás, visitando os sítios onde se engrandeceram ou prevaricaram, sentindo-se repentinamente transportados aos tempos idos. Então, mergulham o pensamento no passado, regressando ao presente, dispostos ao heroísmo necessário do futuro. Judas costuma vir à Terra, nos dias em que se comemora a Paixão de Nosso Senhor, meditando nos seus atos de antanho...

Aquela figura de homem magnetizava-me. Não estou ainda livre da curiosidade do repórter, mas entre as minhas maldades de pecador e a perfeição de Judas existia um abismo. Meu atrevimento, porém, e a santa humildade do seu coração ligaram-se, para que eu o entrevistasse, procurando ouvi-lo:

– O senhor é de fato o ex-filho de Iscariotes? – perguntei.

– Sim, sou Judas – respondeu aquele homem triste, enxugando uma lágrima nas dobras de sua longa túnica. – Como o Jeremias, das Lamentações, contemplo às vezes esta Jerusalém arruinada, meditando no juízo dos homens transitórios...

– É uma verdade tudo quanto reza o Novo Testamento a respeito da sua personalidade, na tragédia da condenação de Jesus?

– Em parte... Os escribas que redigiram os Evangelhos não atenderam às circunstâncias e às tricas políticas que, acima dos meus atos, predominaram na nefanda crucificação. Pôncio Pilatos e o tetrarca da Galileia, além dos seus interesses individuais na questão, tinham ainda a seu cargo salvaguardar os interesses do Estado Romano, empenhado em satisfazer às aspirações religiosas dos anciãos judeus. Sempre a mesma história. O Sinedrim desejava o reino do Céu, pelejando por Jeová a ferro e fogo; Roma queria o reino da Terra. Jesus estava entre essas forças antagônicas, com a sua pureza imaculada. Ora, eu era um dos apaixonados pelas ideias socialistas do Mestre; porém, o meu excessivo zelo pela doutrina me fez sacrificar o seu fundador. Acima dos corações, eu via a política, única arma com a qual poderia triunfar, e Jesus não obteria nenhuma vitória com o seu desprendimento das riquezas. Com as suas teorias nunca poderia conquistar as rédeas do poder, já que, em seu manto de pobre, sentia-se possuído de um santo horror à propriedade. Planejei, então, uma revolta surda, como se projeta hoje em dia na Terra a queda de um chefe de Estado. O Mestre passaria a um plano secundário e eu arranjaria colaboradores para uma obra vasta e enérgica, como a que fez mais tarde Constantino Primeiro, o Grande, depois de vencer Maxêncio às portas de Roma, o que, aliás, apenas serviu para desvirtuar o Cristianismo. Entregando, pois, o Mestre a Caifás, não julguei que as coisas atingissem um fim tão lamentável e, ralado de remorsos, presumi que o suicídio era a única maneira de me redimir aos seus olhos.

– E chegou a salvar-se pelo arrependimento?

– Não. Não consegui. O remorso é uma força preliminar para os trabalhos reparadores. Depois da minha morte trágica, submergi-me em séculos de sofrimento expiatório da minha falta. Sofri horrores nas perseguições infligidas em Roma, aos adeptos da doutrina de Jesus, e as minhas provas culminaram em uma fogueira inquisitorial, onde, imitando o Mestre, fui traído, vendido e usurpado. Vítima da felonia e da traição, deixei na Terra os derradeiros resquícios do meu crime, na Europa do século XV. Desde esse dia em que me entreguei, por amor do Cristo, a todos os tormentos e infâmias que me aviltavam, com resignação e piedade pelos meus verdugos, fechei o ciclo das minhas dolorosas reencarnações na Terra, sentindo na fronte o ósculo de perdão da minha própria consciência...

– E está hoje meditando nos dias que se foram... – pensei com tristeza.

– Sim... estou recapitulando os fatos como se passaram. E agora, irmanado com Ele, que se acha no seu luminoso Reino das Alturas, que ainda não é deste mundo, sinto, nestas estradas, o sinal de seus passos divinos. Vejo-o ainda na cruz, entregando a Deus o seu Destino... Sinto a clamorosa injustiça dos companheiros que O abandonaram inteiramente e me vem uma recordação carinhosa das poucas mulheres que O ampararam no doloroso transe. Em todas as homenagens a Ele prestadas, eu sou sempre a figura repugnante do traidor. Olho complacentemente os que me acusam sem refletir se podem atirar a primeira pedra... Sobre o meu nome pesa a maldição milenária, como sobre estes sítios cheios de miséria e de infortúnio. Pessoalmente, porém, estou saciado de justiça, porque já fui absolvido, pela minha consciência, no tribunal dos suplícios redentores.

Quanto ao Divino Mestre – continuou Judas com os seus prantos –, infinita é a sua misericórdia e não só para comigo, porque, se recebi trinta moedas vendendo-o aos seus algozes, há muito séculos Ele está sendo criminosamente vendido no mundo, a grosso e a retalho, por todos os preços, em todos os padrões do ouro amoedado...

– É verdade – concluí – , e os novos negociadores do Cristo não se enforcam depois de vendê-Lo.

Judas afastou-se, tomando a direção do Santo Sepulcro, e eu, confundido nas sombras invisíveis para o mundo, vi que no céu brilhavam algumas estrelas sobre as nuvens pardacentas e tristes, enquanto o Cedron rolava na sua quietude como um lençol de águas mortas, procurando um mar morto. – *Humberto de Campos.**

No rumo do impressionante

A essa segue-se outra crônica, intitulada "Na mansão dos mortos", que enviaremos depois.

A noite já chegara. Fechamos a pasta. O fotógrafo apanhou a máquina; saímos, rumo à casa de Chico Xavier.

E ali, à luz fraca de sua residência pobre, ele nos fez a narrativa impressionante da sua vida e da sua iniciação espírita.

---

* Aqui reproduzimos o texto que foi revisado, posteriormente, pelo Autor Espiritual, para o lançamento do livro *Crônicas de Além-Túmulo* (FEB, Rio, RJ, 1ª edição, 1937.) (Nota do Org.)

3

Humberto de Campos escrevera, em vida, sobre Chico Xavier e suas poesias psicografadas

Como o escritor patrício imaginava, em 1932, os habitantes do Astral "condenados a escutar os maus poetas até à consumação dos séculos"

A "biblioteca" do "médium" – Quanto a leituras, o homem não foi muito além de almanaques, revistas e jornais velhos – O repórter prepara-se para assistir a uma sessão espírita

PEDRO LEOPOLDO, 24 (Do enviado especial de *O GLOBO*, Clementino de Alencar) – O dia de hoje assumiu uma significação muito especial para a população local. Toda Pedro Leopoldo já sabia que a reportagem do Rio estava na cidade e que a sessão espírita, daquela noite, seria como que dedicada ao jornalista.

A casa onde Chico Xavier reside com irmãos e irmãs, quase todos menores, é tão pequena e tão pobre no seu mobiliário que ali se não podem realizar as reuniões. Estas têm lugar, às quartas e sextas-feiras, na casa, também pobre, porém maior, do seu irmão casado, José Cândido, que tem ali uma pequena oficina de seleiro.

Nós não fomos propriamente convidados para a sessão de hoje. Apenas, durante a visita que ontem à noite fizemos à casa de Chico Xavier, como se fizéssemos referência às reuniões, mostramos desejo de assistir à de hoje, ao que nos responderam:

Chico Xavier, junto à sua pequena "biblioteca", mostra seus poucos livros ao enviado do Globo.

– Pois não. As sessões são públicas.

A biblioteca do "médium"

Uma das nossas maiores preocupações, desde nossa chegada aqui, era sabermos se Chico Xavier possuía biblioteca e que espécie de biblioteca, para termos uma ideia de suas leituras.

A visita de ontem à noite deu-nos oportunidade para essa constatação.

A biblioteca de Chico Xavier – o termo, no caso, torna-se até um pouco impróprio – é um amontoado de revistas e jornais velhos, alguns espíritas, outros da imprensa diária, almanaques Bertrand e outros de vários anos, alguns volumes de doutrinadores espíritas, como o "Evangelho Segundo o Espiritismo", de Allan Kardec; o "Grande enigma" e o "Depois da morte", de Léon Denis; os "Quatro Evangelhos", de Roustaing, livros esses na sua maioria oferecidos ao "médium" por admiradores seus de Belo Horizonte, quando seu nome já se ia tornando conhecido nos círculos espíritas. Vemos ainda ali alguns fascículos e volumes, dos publicados pela Federação Espírita Brasileira, sobre a doutrina. Só não vemos um livro, sequer, dos nossos escritores e poetas mais destacados. Chico Xavier confessa que nunca os leu, a não ser uma ou outra página esparsa de alguns deles, encontradas nas revistas, jornais e almanaques que lhe chegam às mãos.

Perguntamos se já lera ele alguma coisa de Humberto de Campos.

Responde que sim: algumas crônicas encontradas naqueles jornais que ali se amontoam. Os livros, porém, nunca os leu. Está agora à espera de dois volumes de Humberto de Campos que um amigo lhe prometeu mandar.

Humberto escrevera, em vida, sobre Chico Xavier

Enquanto assim nos fala, Chico Xavier retira, de uma pasta de papelão, um recorte de um jornal de Belo Horizonte. O recorte é antigo, de 1932. É uma crônica de Humberto de Campos. E sobre Chico Xavier!

Essa contestação nos causa certa surpresa. Não sabíamos que o autor das "Sombras que sofrem" houvesse escrito sobre o "médium" de Pedro Leopoldo.

A explicação, porém, logo se nos apresenta.

O "Parnaso de Além-Túmulo"

Em 1932, Chico Xavier já havia conquistado alguma fama como "médium" e possuía, no seu "arquivo", isto é, na sua pasta de papelão, muitas poesias recebidas, nas suas horas de transe, de vários poetas mortos.

A Federação Espírita Brasileira, interessando-se pelo caso, reuniu aqueles versos psicografados num pequeno volume que publicou, ainda naquele ano, com este título: "Parnaso de Além-Túmulo".

Foi sobre esse volume e o médium que o psicografara que Humberto de Campos escrevera a crônica citada, em 1932.

"Poetas do outro mundo"

É esse o título da crônica e, por uma observação entre parênteses, vê-se que ela deve ter sido publicada também no "Diário Carioca".

De início, faz Humberto de Campos algumas referências, esclarecedoras ao leitor, sobre a situação de pobreza e a pouca instrução do "médium", para acentuar, depois, o contraste entre essas condições em que vive o rapaz humilde de Pedro Leopoldo e o belo volume de versos que lhe chegara às mãos.

A seguir, referindo-se unicamente a Chico Xavier, diz:

"E como este mundo não lhe parecesse dos mais amáveis, começou a pensar no outro, aderindo ao Espiritismo, com as altas funções e responsabilidades de "médium".

Lidando, nesta vida, com os Espíritos medíocres que frequentam a casa de comércio em que trabalha, resolveu Francisco Cândido Xavier tornar-se mais exigente no reino das sombras, buscando nele, para conversar, inteligências superiores, homens de letras e, especialmente, poetas que já haviam passado por este mundo. Nessas palestras em que a boca se mantinha em silêncio, transmitiam-lhe os seus novos amigos algumas poesias elaboradas depois de desencarnados, e que o jovem caixeiro de Pedro Leopoldo ia escrevendo mecanicamente, sem esforço do braço ou da imaginação. Esses espíritos eram, ordinariamente, Guerra Junqueiro, Antero de Quental, Augusto dos Anjos, Castro Alves, Casimiro de Abreu, João de Deus, Auta de Souza, Pedro II, Souza Caldas, Julio Diniz, Cruz e Souza e Casimiro Cunha, poeta vassourense. Às vezes, aparecia também um anônimo, cuja modéstia não desaparecera nem no outro mundo."

Pouco adiante, observa o cronista, com certa ironia:

"O primeiro pensamento que assalta o leitor, antes de examinar o merecimento literário da obra, é a ideia de que, nem no outro mundo, estará livre dos poetas. A poesia é uma predestinação de tal modo fatal, irremediável, que a vítima não se livra dessa maldição nem mesmo depois da morte. Quem faz sonetos ou redondilhas neste planeta está condenado a fazê-los em todos os pontos do espaço e da eternidade a que o leve o dedo divino. E sem mudar de estilo. E sem variar de temas. E sem modificação de ritmos, de rimas ou de imaginação.

Admitindo essa verdade, a vida literária no outro mundo deve ser mais variada, embora mais fatigante, do que neste. Lá estarão, ainda, Anchieta, a celebrar a Virgem Maria em língua tupi; Botelho de Oliveira a cantar no estilo da "Ilha da Maré" e da "Música do Parnaso"; Cláudio Manoel da Costa, escrevendo sonetos clássicos; Gonçalves Dias, com a sua lira romântica; e os parnasianos; e os simbolistas, e os futuristas que morreram antes do futurismo morrer. A vantagem apresentada por essa reunião de escolas ficará, todavia, comprometida pela eternidade da produção. A superioridade que esta vida apresenta sobre as outras está, precisamente, no seu caráter transitório. Quando um indivíduo, entre nós, dizendo-se benquisto dos deuses, empunha a lira, ficamos certos, desde logo, que ele um dia emudecerá. E é esse consolo que não têm os habitantes do Astral, os quais se acham condenados a escutar os maus poetas até à consumação dos séculos".

Por fim, confessa Humberto de Campos:

"Eu faltaria, entretanto, ao que me é imposto pela consciência, se não confessasse que, fazendo versos pela pena do Sr. Francisco Cândido Xavier, os poetas de que ele é intérprete apresentam as mesmas características de inspiração e de expressão que os identificaram neste planeta. Os temas abordados são os que os preocupavam em vida. O gosto é o mesmo. E o verso obedece, ordinariamente, à mesma pauta musical. Frouxo e ingênuo em Casimiro, largo e sonoro em Castro Alves, sarcástico e variado em Junqueiro, fúnebre e grave em Antero, filosófico e profundo em Augusto dos Anjos – sente-se ao ler cada um dos autores que veio do outro mundo para contar, neste instante, a inclinação do Sr. Francisco Cândido Xavier para descrever "À la manière de...", ou para traduzir o que aqueles altos Espíritos sopraram ao seu."

"Como cantam os mortos"

Quando acabamos de ler essa crônica, Chico Xavier nos mostra outra, também de Humberto de Campos, seguinte àquela, e na qual o escritor patrício, escrevendo ainda sobre o mesmo assunto, trata de identificar a voz dos mortos, pelos versos do "Parnaso de Além-Túmulo", pois acha que este livro merece trato mais grave e demorado.

Apreciando os versos, diz Humberto:

"Antero de Quental continua triste e trágico no outro mundo, e disposto, parece, a suicidar-se de novo, para reaparecer neste."

E mais adiante, sobre Casimiro de Abreu:

"Casimiro de Abreu conserva, nas cordas da sua lira, feitas possivelmente com os restos dos seus nervos, a ingenuidade primitiva. E oferece-nos, nas rimas póstumas, a prova triste de que, mesmo além da vida, no seio mesmo da morte, as paixões não desaparecem. A saudade da Pátria é conservada incólume, como se o morto não tivesse mudado de planeta, mas, apenas, de um país para outro."

Observa a seguir que Castro Alves continua condoreiro e utilizando as mesmas imagens em que era mestre na Terra:

É a dor que através dos anos,
Dos algozes, dos tiranos,
Anjos puríssimos faz,
Transformando os Neros rudes
Em arautos de virtudes,
Em mensageiros da paz.

Depois de apreciar outras produções, volta o cronista às suas considerações gerais sobre o livro, reconhecendo-lhe um valor bem digno de tentar os estudiosos.

Coisas impressionantes

Foi depois dessa rápida investigação junto à "biblioteca" do "médium" e de uma vista d'olhos pelo resto da casa, que nos voltamos a sentar na sala de chão ladrilhado e ali ouvimos, de Chico Xavier, a narrativa dos fatos impressionantes que o encaminharam para o Espiritismo.

4

Revelando a estranha vida de um "médium"

Preces de menino, na solidão – Reze! – Não foi você quem escreveu isto – Alucinações – Perasso, o feiticeiro – Doutrinando o Espírito

PEDRO LEOPOLDO, 24 – (Do enviado especial de *O GLOBO*, Clementino de Alencar) – Poucas horas nos separam do momento inicial da sessão anunciada para hoje, à noite, e à qual compareceremos.

Aliás, ao que soubemos de manhã, a reunião terá também a presença de elementos de destaque de Pedro Leopoldo, médicos, advogados, magistrados, funcionários, que já não escondem seu interesse e curiosidade pelo caso desse caixeirinho simplório e humilde que a versão mais generalizada e aceita na região dá como um confidente fiel de mortos ilustres.

Ao iniciarmos esta reportagem, quisemos fazê-lo como um simples observador anônimo e curioso que se lançasse, sem "parti pris", num campo de revelações sensacionais, limitado, de um lado, pela desconfiança de alguns, e aberto, de outro, pela crença de muitos, para o infinito de todas as suposições que se espraiam sob a brumas do sobrenatural.

Por isso mesmo, adotamos o método de ir grafando observações e impressões à medida que as íamos colhendo, no correr das horas e das situações, para que nada perdessem elas em seu sabor original, nem ganhassem ou sofressem em sua intensidade, ante as surpresas ou decepções que porventura nos reservassem os fatos ulteriores.

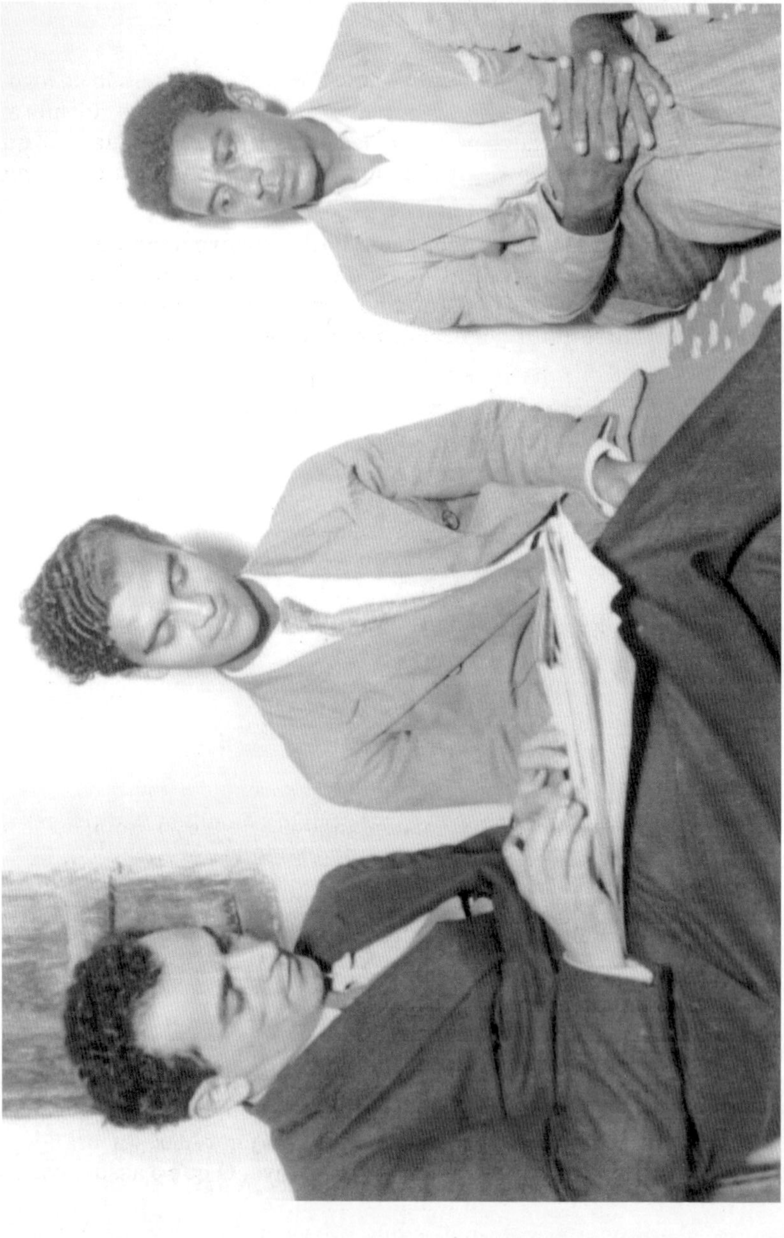

Em sua residência, Chico Xavier concede entrevista ao repórter de O Globo, *na presença de seu irmão José Cândido.* (Copyright *Agência* O Globo)

A estranha história de um "médium"

Dentro desse método, vamos aqui expor, antes da sessão de logo à noite, o que nos contou Chico Xavier ontem, em sua casa, ao relembrar, para a reportagem, os fatos muitos deles bastante impressionantes, que o encaminharam para o Espiritismo e revelaram suas faculdades mediúnicas.

Algumas dessas passagens nos foram confirmadas por pessoas idôneas da localidade, entre as quais o negociante Armando Belisário, e o pai de Chico Xavier, João Cândido, um dos raros vivos do grupo de operários com que foi inaugurada, há muitíssimos anos, a fábrica de tecidos daqui.

João Cândido e sua mulher, já falecida, criaram quinze filhos, quase todos ainda vivos e alguns ainda de menor idade. Hoje, o velho operário está aposentado e reside em Matozinhos, em companhia de alguns de seus descendentes. Os demais membros de sua família, exceto uma filha casada, moram em Pedro Leopoldo. São todos gente pobre, honesta e trabalhadora.

Agora, passemos à história de Chico Xavier, que grafaremos com todas as impressões colhidas de quando o ouvimos, ontem à noite, e que ainda perduram em nós.

Preces de menino, na solidão

Quando menino, sua mãe, cuidando-lhe do corpo, embalava-lhe também a alma na fé católica em que vivera e morrera.

Assim, aos oito anos, Chico Xavier conhecia rezas e adorava santos. Grande era sua devoção, uma devoção de criança, nem sempre isenta de absurdos e de sustos. Atirar tostões ao mato, "para os santos", era um dos seus gestos mais comuns de menino devoto. Outro hábito seu era refugiar-se à sombra das árvores e ali dizer baixinho, na solidão, as preces que aprendera dos lábios maternos. O interessante era que tal ato não resultava de intenção sua. Entregava-se a ele como quem obedece a uma força inexplicável. E, às vezes, quando rezava, no silêncio da mata, tinha a impressão de ouvir passos em redor, quebrando as folhas secas. Nada via, porém, nem se assustava. O que o assustava era algo muito estranho que sentia dentro de si, na confusão de suas ideias tenras. E era esse secreto pavor que o levava à constância fervorosa daquelas preces.

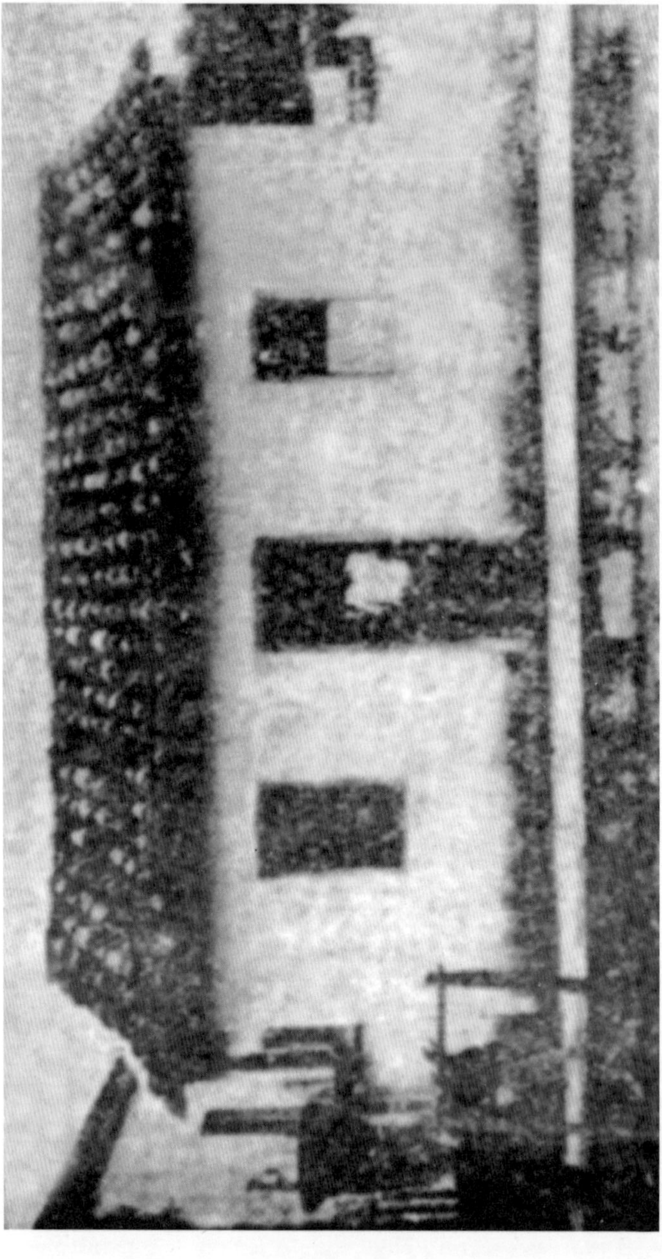

A casinha onde os irmãos Xavier realizam as sessões espíritas.

Assim, na mata, tivera ele o seu primeiro templo e as suas primeiras revelações, à maneira da predestinada pucela de Domremy.

"Lembranças que não eram da minha vida"

Os anos da meninice passam. Então, ele começa a sentir com mais precisão, já sabe exprimir melhor aquele "algo de muito estranho" que havia dentro de si: tinha, às vezes, a impressão de que era outra pessoa muito diferente de si mesmo, que vivia em outros tempos, lembrava-se de coisas, de fatos ocorridos com ele, mas que, por mais que tentasse, não conseguia localizar na sua vida.

"– Lembranças que não eram da minha existência atual..."

Reze!

Essa impressão o atormentava, esse mistério íntimo assustava-o. Corria à igreja.

O padre dizia-lhe:

– Reze!

Ele rezava.

Minha cabeça não é minha!

Mas o tormento não cessava. Uma vez, aos 17 anos, acompanhou a famosa procissão de Matozinhos, e pedia à Virgem:

– Curai-me! Minha cabeça não parece minha.

E repetia as preces à sua mãe morta.

"Não foi você quem escreveu isto"

Por esse tempo, frequentava o grupo escolar de Pedro Leopoldo.

Uma tarde, sentado à beira do ribeirão que banha a cidade, veio a inspiração de uma pequena página descritiva: "O ribeirão, à tarde".

Composta a página, exibiu-a, no dia seguinte, à professora. Esta leu-a e observou-lhe:

– Isto é de você? Não; não foi você quem escreveu isto.

Fê-lo, então, sentar e disse-lhe:

– Bem; escreva-me mais uma página.

– Sobre o quê?

– O ribeirão, à tarde...

Ele empenhou-se na produção, mas – apesar do tema já lhe ter merecido bela descrição – nada mais de bonito pôde escrever.

Alucinações

Passou-se algum tempo. Fosse por que fosse, ele se sentiu mais aliviado.

Logo a seguir, porém, ocorreu algo de terrível.

Sua irmã, moça sadia, trabalhava na fábrica de tecidos.

Certa manhã, às 9 horas exatamente, pôs-se ela a dar, em plena oficina, gritos medonhos.

Socorreram-na. Chamaram o médico. A moça, porém, escapou-se das mãos que a amparavam e correu para a rua como doida. Desceu até a ponte e quis atirar-se ao ribeirão, sendo agarrada, a tempo, por vários operários.

"Aí vem o médico, mas não adianta"

Depois de indicar-nos pessoas que poderiam dar testemunho do fato, Chico Xavier prossegue no relato de episódios impressionantes.

Agarrada a tempo, na ponte, a moça teve um desmaio e foi conduzida para casa. Voltou a si, pouco depois, mas com estranha expressão no olhar e renovando, de quando em quando, os gritos terríveis.

De novo, o médico.

Então, em casa, ouviram, com assombro, que a moça dizia:

– Aí vem o médico. Vai dar uma injeção nela. Mas isso não valerá de nada.

Dito e feito. Pouco depois de se retirar o médico, renovou-se a crise.

O médico é ainda uma vez chamado, e a moça, cessando com os gritos, torna a observar:

– Aí vem o médico. Outra injeção vão dar nela. Mas não adianta.

E o resultado foi o mesmo da outra vez.

*Perasso, o feiticeiro**

Os parentes estão alarmados. Desistem do médico e chamam o Perasso. Este era, naquele tempo, o feiticeiro da região. O pai da moça, João Cândido, foi procurá-lo. Nesse mesmo tempo, a enferma dizia, em casa, em tom irado:

– Vi o pai dela falando com o Perasso.

E, quando o Perasso, atendendo ao chamado, pôs o pé na porta da casa, a moça, que adormecera por instantes, acordou, gritando:

– Eh! Perasso, você vem aí! Mas não adianta nada! Comigo é peta!

Doutrinando o Espírito

Perasso não se perturba. Ele já conhece aqueles mistérios. E enquanto ela reage:

– Ele começou a doutrinar o mau Espírito que estava nela – diz-nos Chico Xavier.

As horas foram passando. E Perasso sempre "doutrinando" o Espírito.

Então, a moça melhorou um pouco.

Na esperança de cura completa, os parentes afastaram-na do lugar. Levaram-na para pequena chácara de conhecidos, no Maquiné.

O outro irmão, José Cândido, fazia-lhe companhia ali. O tempo foi passando sem novidade. Um dia, porém, a moça, com uma laranja na mão, apanhou uma faca e partiu a fruta pelo meio...

– Queres a metade? – perguntou ela ao irmão.

Este aceitou.

Então ela atirou a fruta no chão e caiu em crise análoga à já descrita.

Nova cura foi, então, encetada, ainda por Perasso, e de novo a moça ficou boa.

---

* Trata-se de José Hermínio Perácio, seareiro espírita que, naquela época, residia na Fazenda de Maquiné, município de Curvelo, MG. Ele e sua esposa, D. Carmen Pena Perácio, tornaram-se dedicados companheiros de Chico Xavier, sendo cofundadores do Centro Espírita Luiz Gonzaga, de Pedro Leopoldo. (*No Mundo de Chico Xavier*, Elias Barbosa, cap. 18, IDE.) (Nota do Org.)

Espíritas

Foi por essa época, e na expectativa de nova crise da moça, que José e Chico Xavier começaram a frequentar algumas reuniões espíritas que se realizavam na região.

Assim, iniciados, acabaram realizando sessões em sua casa.

A irmã não teve mais crise. Casou.

Certa vez, numa das sessões, Chico Xavier caiu em transe. Sua mão traçou sobre o papel uma página referente aos Evangelhos.

Sentiu, nessa ocasião, o cérebro entorpecido. Mais tarde, a impressão foi outra. Parecia-lhe que uma corrente elétrica lhe passava pela cabeça, e esta lhe doía muito, não raro.

Só em 1931 começou a psicografar versos.

Nunca viu fantasma...

Quando Chico Xavier concluiu a narração desses fatos, fizemos-lhe algumas perguntas.

Numa terra onde tanto ouvíamos falar de fantasmas, pareceu-nos muito natural que indagássemos se ele já tivera ocasião de ver algum daqueles fugitivos das sombras.

Não, Chico Xavier nunca viu nada. Assim, o "médium" é, na região, um dos poucos que ainda não viu fantasmas...

Onde aparece o nome ilustre dos Brissac

Indagamos também sobre seus sonhos.

Ele tem tido alguns bem interessantes e mais ou menos relativos àquelas lembranças a que ele nos fizera referências em sua narrativa, de fatos ocorridos em outros tempos, em eras remotas, "lembranças que não eram da sua existência presente".

Pedimos-lhe a citação de algumas dessas lembranças e sonhos relacionados.

Então, à margem da história propriamente do "médium", ouvimos duas outras curiosas narrativas. Numa delas aparece um famoso Circo Guérin que, segundo a narração, deve ter existido na França, há uns dois séculos.

Na outra, em que julgamos encontrar reminiscências dos tempos feudais, aparece o nome dos Brissac, a velha estirpe que tantos marechais deu à França.

5

INICIA-SE A FASE MAIS DECISIVA DA REPORTAGEM, EM PLENA SESSÃO ESPÍRITA

Ainda a narrativa de duas façanhas do médium – Barbas abaixo – Uma casa cheia de vivos à espera dos mortos – Ponham de lado as armas – Invocação – No pórtico dos esquivos segredos

PEDRO LEOPOLDO, 25 (Do enviado especial de *O GLOBO*, Clementino de Alencar) – Foi por volta das 19 ½ horas que deixamos, ontem, o hotel para assistirmos à sessão espírita na casa de José Xavier.

Durante o jantar, o mais concorrido que tivéramos aqui, as palestras só perseguiram um assunto: Chico Xavier.

Aliás, conforme atrás observamos, a sessão de ontem, com a presença da reportagem e personalidades locais, viera dar à data uma significação muito especial para a cidade. E ainda outro fato havia de assinalar essa quarta-feira bonita de Pedro Leopoldo: o Zéca, dos canários, pôs a barba abaixo.

Frases em inglês

Foi durante esse concorrido jantar, uma hora antes, pois, da sessão, que pudemos colher ainda, de bocas respeitáveis, notícia de dois episódios muito interessantes das atividades mediúnicas de Chico Xavier.

Um dos casos foi narrado assim:

Grupo feito no Hotel Diniz, quando ali esteve, uma noite, o médium Chico Xavier.

O Sr. Rômulo Joviano, inspetor-chefe da Fazenda Experimental do Ministério da Agricultura, em Pedro Leopoldo, depois de ouvir o que se contava sobre os feitos do caixeiro de Zé Felizardo, teve a curiosidade de assistir a algumas sessões, embora sem manifestar crença alguma a respeito.

Numa dessas reuniões, o "médium", em transe, grafou, ou melhor, psicografou algumas frases que os componentes da mesa não puderam decifrar: eram escritas em inglês.

O Dr. Rômulo, naturalmente desconfiado, solicitou que a mensagem lhe fosse entregue para poder examiná-la melhor, em casa.

Conhecedor do inglês, observou, então, que as frases continham alguns erros. Anotou-os e compareceu à sessão seguinte, disposto a interpelar o "médium" e os Espíritos sobre tais erros.

Antes, porém, que pudesse fazê-lo, Emmanuel, o Espírito-guia de Chico Xavier, respondia, logo ao início do transe, às interpelações que não tinham sido ainda feitas, esclarecendo que os "erros observados pelo doutor Rômulo e sobre os quais este pretendia fazer perguntas" resultavam da deficiência do aparelho, isto é, do "médium": como este nada conhecesse do idioma inglês, a mensagem, transmitida por seu intermédio, poderia ressentir-se dessa falha, fato esse, aliás, já previsto e explicado dentro da doutrina.

Um sacerdote falecido no Rio, em 1902

O outro episódio narrado foi este:

Um certo Sr. F.G., que perdera a esposa, pouco tempo antes, compareceu à sessão realizada pelos irmãos Xavier em 19 de novembro de 1934.

Abismado na mágoa imensa que lhe ficara pela perda sofrida, o referido cavalheiro fora ali na esperança, sem dúvida, de um pouco de consolação.

Findas as primeiras preces, um Espírito baixou e fez, dirigida a F.G., uma comunicação espontânea.

Essa mensagem era cheia de palavras confortadoras, dizendo a certa altura assim:

"A tua ex-companheira de amarguras, alegrias e lutas terrenas está recuperando as suas forças, sob as vistas de amigos devotados que buscaram suavizar seus derradeiros tormentos."

Exortava, a seguir, o citado cavalheiro a enfrentar seus combates morais com serenidade e fé.

Afinal, afirmou o Espírito ter sido vigário em S. Cristóvão e haver desencarnado no ano de 1902.

Investigações levadas a efeito, pouco depois revelaram que, realmente, a 3 de março de 1902, segundo notícias encontradas em jornais da época, falecera, no Rio de Janeiro, o reverendo cônego Luiz Antonio Escobar Araújo, vigário da Freguesia de S. Cristóvão.

Assinalando sua passagem por aquele posto, existe, na sacristia da igreja de São Cristóvão, no Rio, embutido na parede, um quadrilátero de mármore com os seguintes dizeres:

"Justa homenagem da Irmandade do S.S. Sacramento de São Cristóvão ao seu Provedor Honorário e Perpétuo, o Revmo. Sr. Vigário Luiz Antonio Escobar Araújo. – Sessão de 6-12-1894."

Proposta de um homem desconfiado

Deixamos o hotel em companhia do promotor da comarca, Dr. Washington Floriano de Albuquerque. Esse magistrado, que reside em Santa Luzia, mas aqui se encontra por se achar funcionando o Tribunal do Júri local, quis também assistir à sessão.

Quando chegamos ao fim da rua Herbster, o Sr. Andrade Pinto, engenheiro da Central do Brasil, reúne-se a nós, disposto também a comparecer à reunião.

Damos alguns passos mais pela rua deserta, e o referido técnico lembra:

– Vamos propor que as páginas grafadas pelo "médium" sejam rubricadas por algumas das pessoas insuspeitas presentes à reunião?

Aceitamos a proposta, e o mesmo engenheiro fica encarregado de apresentar a exigência dos descrentes, mas só quando os trabalhos já estiverem iniciados.

Pouco depois, entrávamos na casa, já repleta, de José Xavier.

Chegara o momento decisivo.

Os presentes

Os presentes reúnem-se, por enquanto, na sala da frente, ou melhor, na oficina do seleiro. Estão já ali o prefeito do município de Pedro

Leopoldo, Sr. José de Azevedo Carvalho, médico distintíssimo e operador de grande fama; o juiz Dario Lins; o Sr. Christiano Ottoni, outro médico também de nomeada na região; o Sr. Maurício Azevedo , coletor federal; os advogados Jerônymo Figueira de Mello e Walfrido de Andrade Bernardes; o escrivão Raymundo Gonçalves; os Srs. Theodoro Viana, Caetano Carvalho, José Vianna, Balthazar de Arneira Neves, e várias outras pessoas, inclusive senhoritas da localidade.

Esse é o grupo que se poderia chamar de "curiosos", dos que ali foram levados pelo interesse que vem despertando o "médium" sensacional, pelo desejo de " ver" aquilo de que tanto se falava. Desse grupo, ficaram a participar o jornalista, o promotor e o engenheiro Andrade Pinto.

Quanto aos adeptos, aos espíritas propriamente ditos, sua afluência é também numerosa.

– A casa já está cheia de vivos – observa alguém. – Faltam os mortos...

"Nossa corrente é forte"

José Cândido, o dono da casa, atende a todos, prazenteiramente, mas talvez com o secreto temor de não poder acomodar tanta gente no exíguo recinto de sua residência pobre.

O promotor Washington Floriano, um pouco versado em assuntos espíritas, prevê o fracasso da sessão:

– É muita gente. Vão perturbar a concentração, prejudicar a "corrente".

José Cândido concorda até certo ponto, mas ainda confia:

– Felizmente, nossa corrente é forte.

Espíritos e rapadura

A propósito, um dos presentes observa que as faculdades mediúnicas de Chico Xavier são tão poderosas que o rapaz, às vezes, recebe Espíritos mesmo durante suas horas normais, quando está só, lendo, meditando ou descansando.

– Geralmente, também quando está comendo rapadura.

– Espíritos gulosos...

– Talvez não. É que ele, muitas vezes, lê ou medita comendo rapadura...

Proletário...

São 8h10min.

Chico Xavier ainda não chegou.

José Cândido justifica a demora:

– O trabalho. Ele só pode sair quando fecha a venda. E a venda fecha às 8 horas.

Nós já tínhamos verificado isso.

Gente em pé, sentada, montada.

Chegam ainda outras pessoas. A sala já não dá. Alguns passam para a outra peça, reservada às sessões. Já faltam cadeiras. Na banqueta do seleiro, há um arreio inacabado. Serve, porém. Um rapazinho monta. Assim, temos já ali gente em pé, sentada, acocorada e montada.

As calças remendadas

Às 8h20min, Chico Xavier chega afinal, pedindo mil desculpas por ter feito a assistência esperar.

É a mesma simplicidade de sempre, com o mesmo sorriso bom e ingênuo, as mesmas calças remendadas. O mesmo caixeirinho humilde de Seu Zé Felizardo...

Na sala das sessões

Entrando, dirige-se ele, imediatamente, para a sala das sessões.

Aí, tomam também lugar os assistentes, alguns em pé, outros sentados. Não todos, porém. A sala não dá. Muitos ficam na oficina.

Acomodada a assistência da melhor maneira possível, o grupo que forma a "corrente", Chico Xavier, José Cândido, Fausto Joviano, Carmosino Penna Xavier, Nelson Penna, senhorita Nancy Penna, toma lugar na pequena mesa colocada ao centro da peça e coberta com uma toalha branca.

José Cândido, que presidirá os trabalhos, de um dos extremos da mesa, dirige-se aos presentes: pede, encarecidamente, aos que estejam armados que se desfaçam de suas armas durante a sessão. Às vezes, "descem" maus espíritos...

Ninguém estava armado.

José Cândido pede ainda a todos a maior calma e silêncio. Depois, convida o repórter a sentar-se no outro extremo da mesa.

O repórter aceita o convite.

José Cândido senta-se por sua vez, tendo Chico Xavier à direita. Um menino põe, ao centro da mesa, dois copos d'água e um bloco de papel diante do "médium".

O presidente abre o livro de preces e faz sua invocação ao Senhor, à Virgem, ao patrono do "centro", Luiz Gonzaga e aos Amigos do Espaço. Depois, "em nome de Deus, estão abertos os trabalhos, como, de fato, abertos estão".

As cabeças se inclinam sobre a mesa. Concentração. Prece. Silêncio.

Sente, então, o repórter que uma vaga emoção lhe aquece a fronte, afina-lhe os nervos, apalpa-lhe o coração.

Sobre a mirada fria e indagadora com que – na tentativa da abstração de si mesmo – vinha ele no encalço das horas e dos fatos, tremem afinal, e ligeiramente, suas pálpebras humanas.

O observador abstrato personaliza-se, humaniza-se no alvoroço de suas sensações.

Silêncio.

Agora, os homens ali se englobam, nivelam, confundem-se na mesma expectativa ansiosa.

Os olhares já se não cruzam, as palavras já se não buscam, curiosas, de boca em boca; os pensamentos se inclinam todos para o mesmo rumo, como as espigas da seara farta sob o vento.

A Vida lança, no silêncio, sua ampla rede perceptora e queda-se, muda e atenta, diante da Morte.

Hoje, como há dois mil anos, como há três mil anos, como sempre.

E eu – poeira de migalha arrastada no turbilhão das incertezas eternas – escancaro os meus olhos de dúvida para o pórtico das sombras insondáveis e dos esquivos segredos.

Antes de iniciar a sessão, a objetiva do Globo *focalizou esse aspecto da mesa, vendo-se o médium (o terceiro, da E. para D.) ao lado de seu irmão José Cândido, que preside os trabalhos. À esquerda, o enviado do* Globo *examina os papéis em que o médium irá psicografar as mensagens do Além.*

6

Em plena sessão espírita, Chico Xavier psicografa uma nova crônica de Humberto de Campos!

"Quanto a mim, digam que eu estava por detrás do véu de Ísis" – escreve na referida mensagem o escritor morto

O início dos trabalhos – A surpresa do engenheiro – Chegam os mortos – O "Modus Operandi" dos Espíritos – A assistência agita-se e o jornalista perde a mais sensacional das entrevistas...

PEDRO LEOPOLDO, 25 – (Do enviado especial de *O GLOBO*, Clementino de Alencar) – Continuação – Passam-se três ou quatro minutos de silêncio profundo.

Lá de fora, do mundo dos vivos, chega-nos apenas, abafada, de uma casa distante, a "Voz de São Paulo" - novecentos quilômetros ao sul – através do rádio: milagre para o século XVI, vulgaridade de hoje...

Vencendo em parte a emoção inicial, ponho um olhar furtivo no "médium". Sua cabeça pende um pouco para a frente. Ligeira palidez acentua-lhe o moreno do rosto e, sob as pálpebras semicerradas, percebem-se-lhe os olhos imóveis. A mão, inerte, armada de lápis, descansa sobre o papel. No rosto, como de cera, apagou-se o sorriso, já não há uma expressão.

E, sobre esse rosto e aquela mão, vela o olhar da assistência.

A Rubrica

Por fim, percebo no "médium" ligeira palpitação. Seus lábios se abrem, num sopro, e deixam cair esta frase, como em resposta a uma exigência que ainda nem fora feita:

– Emmanuel diz que podem rubricar as folhas...

Emmanuel é o Espírito-guia do "médium".

Procuro, com os olhos, o engenheiro Andrade Pinto e o promotor Washington Floriano. Duas leves expressões de surpresa.

José Cândido me estende o bloco de folhas virgens, ao alto das quais deixo a minha rubrica.

O mesmo fazem o promotor e o engenheiro.

O bloco volta ao "médium". De novo, seu rosto e seus olhos se imobilizam na inexpressão.

Mais um minuto de silêncio, e a mão do "médium" reanima-se, procura o alto da primeira folha.

Os mortos chegam

São "os mortos que chegam", segundo a imagem que nos sugerira, havia pouco, a expressão de um dos presentes ante a casa cheia de vivos.

O lápis desliza rápido, e o seu rasto, sobre o papel, é uma letra grande, bonita, redonda.

São versos. De lá, pois, no mundo misterioso e distante das sombras invisíveis, um poeta de outros tempos desceu e cantava, agora, sobre o silêncio das nossas almas.

José Cândido vai virando as folhas. A mão do "médium" grafa a primeira assinatura e, depois de ficar um instante suspensa, no ar, prossegue, rápida. Mais versos. A letra torna-se então miúda, reta. Outra assinatura. Outro poeta. Outra pausa ligeira. E a mão retorna ao papel. A letra arredonda-se, de novo, mas já não tão grande e bonita como a primeira. É ainda um poeta – ou melhor, uma poetisa, conforme verificamos depois – o terceiro iluminado que nos envia o seu canto, a sua mensagem, a sua confidência.

O "modus operandi" dos Espíritos

Tudo o mais, no "médium", é imobilidade. E, enquanto a mão corre ágil sobre o papel, a atenção com que a acompanhamos se dilui, por vezes, numa indagação muda e profana do nosso entendimento, seduzido pelo fenômeno.

Será mesmo, aquele que ali está à nossa frente, o caixeirinho simplório de Seu Zé Felizardo?... Mas, então, e aquela imprevista faculdade criadora que a mão calosa revela?!...

Consultando, na véspera, o arquivo de Chico Xavier, lemos numa daquelas mensagens do Além esta passagem em que Emmanuel, o Espírito-guia do "médium", dá-nos uma explicação sobre o "modus operandi" dos Espíritos:

"Enviam aos homens a sua mensagem luminosa dos cimos resplandecentes em que se encontram e, formulando o desejo de ação nos planos da materialidade, a sua vontade superior atua imediatamente sobre o cérebro visado, o qual se encontra em afinidade com as suas vibrações e através de forças teledinâmicas, as quais podeis vagamente avaliar com os fluidos elétricos, cuja utilização encetais na face do vosso mundo, influenciam sobre a natureza do sensitivo, afetando-lhe o sensório, atuando sobre os seus centros ópticos e aparelhos auditivos, desaparecendo perfeitamente as distâncias que se não medem; na alma do "sujet" começa então a se operar a série de fenômenos alucinatórios sob a atuação consciente do Espírito que o guia dos planos intangíveis.

Este, segundo a sua necessidade, indu-lo a ver essa ou aquela imagem, em vibrações que o envolvem, as quais o sensitivo traduz de acordo com as suas possibilidade intelectivas e sentimentais."

Dos planos intangíveis... Eis de onde nos chegam, segundo a explicação espírita, aquelas "mensagens luminosas", o brinde imprevisto daqueles versos. E mais se nos aguçam as faculdades perceptivas a ideia daquelas "vibrações que envolvem o médium", que, pois, de certo, já ali palpitam, invadem o ambiente, alagam de estranhos eflúvios o silêncio, transformando, de improviso, a residência pobre de um seleiro do sertão numa espécie de parlatório maravilhoso onde vão conversar a Vida e a Morte.

A impressão é tão forte que, instintivamente, erguemos a cabeça e olhamos em redor, na esperança – talvez também com o pobre receio humano – de um sinal mais perceptível daquele mistério que nos tenta e assombra.

Dez minutos

Nada. Em redor, tudo é silêncio e imobilidade. A vida resume-se numa grande e atenta mudez. E, do Além, só o milagre daquela mão que corre na vertigem do cursivo redondo.

Súbito, uma pausa um pouco mais demorada do que as antecedentes.

José Cândido põe de lado as folhas já escritas.

A vida faz, então, uma observação quase ciciada pela boca do promotor Washington Floriano:

– Dez minutos...

Foi o quanto durou a corrida do lápis sobre o papel.

Por detrás do véu de Ísis

A pausa, porém, é muito curta. Logo, o lápis retorna ao papel, veloz como sempre. Agora, é prosa. Parece que a vertigem aumentou. As páginas se sucedem com rapidez. Em dado momento, conseguimos ler, mas apenas frases esparsas, entre as quais esta, que gravamos logo:

"Quanto a mim, digam que eu estava por detrás do véu de Ísis."

Quem será que agora nos fala, dos cimos resplandecentes?...

Há um momento em que minhas ideias se confundem, entre a curiosidade e a atenção. Esta, desviada, para na voz abafada do rádio, que nos manda aos ouvidos um trecho de opereta. Mas a voz de José Cândido me surpreende:

– Concentrem-se, irmãos. A corrente está fraca...

Realmente a mão do "médium" estacara. Mas foi tudo um instante. A "corrente", de certo, intensificou-se outra vez, porque o lápis retoma o cursivo.

Intimamente, ocorre-me:

– Teria sido eu a causa do enfraquecimento... O trecho de opereta?... o rádio?... a atenção erradia?...

Vem-me a curiosidade de verificar. Torno a atentar na música. Mas o acidente não se renovou. A "corrente" sustentou o "médium" até ao fim. E, quando ele pôs ao fim da mensagem em prosa o nome de Humberto de Campos, a assistência não se contém mais. Começa a agitar-se um pouco. Mãos ansiosas se estendem e apanham as páginas escritas.

Um sussurro de comentários abafados invade o silêncio.

O presidente da sessão pede que se renove a concentração:

– Há duas consultas sobre a mesa, para serem respondidas.

Mas o sussurro não cessa. Pelo contrário, acentua-se.

Ergo a mão e faço um sinal ao José Cândido. Esse é, para mim, o momento decisivo. Eu tinha algumas perguntas a fazer àquele que – mistério e milagre – lá dos "planos inatingíveis", assina, ainda na Terra, Humberto de Campos, pela mão humilde de Chico Xavier.

Mas é tarde. A assistência continua a agitar-se. A "corrente" quebrou, de vez.

O "médium" deixa cair a cabeça sobre as mãos, como que exausto.

Sob meus lábios borbulham, inutilmente, as perguntas que eu trazia.

Eu perdera a mais sensacional das entrevistas...

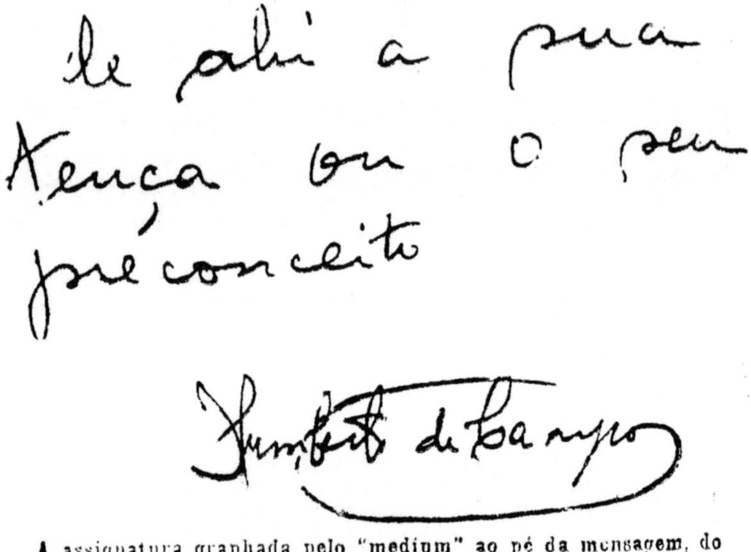

A assignatura graphada pelo "medium" ao pé da mensagem, do autor de "Memorias"

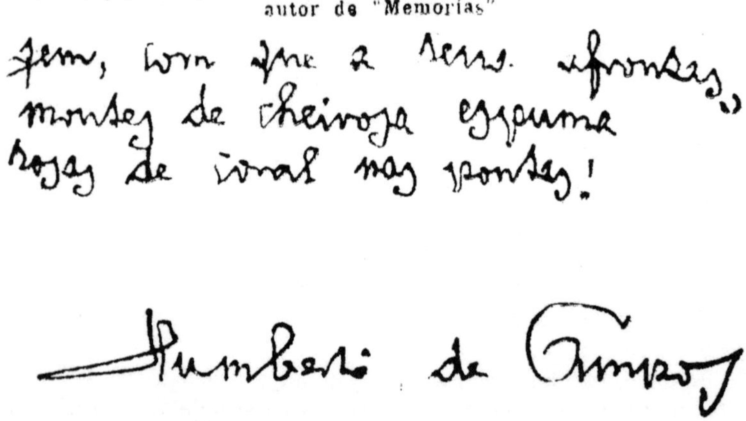

A assinatura grafada pelo médium ao pé da mensagem do autor de Memórias. / A assinatura de Humberto de Campos, conforme se vê num álbum de poesias.

7

Humberto de Campos dirige-se, dos cimos intangíveis, àqueles que "ainda se acham mergulhados nas sombras do mundo"...

"O OBJETIVO DE MINHAS PALAVRAS PÓSTUMAS É SOMENTE DEMONSTRAR O HOMEM... DESENCARNADO E A IMORTALIDADE DOS SEUS ATRIBUTOS"

Por detrás do véu de Ísis – Um pouco da outra vida – De novo como um menino, na Miritiba distante – O turbilhão da saudade – o presente – "O espetáculo do mundo me desola e espanta" – Humberto abandonou a fonética...

PEDRO LEOPOLDO, 25 (Do enviado especial de *O GLOBO*, Clementino de Alencar) – Continuação – Tornada assim difícil a concentração, José Cândido dá por encerrados os trabalhos.

Apressa-se, então, o repórter em recolher as mensagens. Algumas folhas já estão sendo lidas por três ou quatro dos assistentes, junto à mesa. Outras estão ainda na frente do médium, que as estende ao jornalista.

Reunidas, imediatamente, todas as folhas psicografadas, temos em mão: três sonetos assinados, o primeiro recebido por Antero de Quental; o segundo, por Cruz e Souza; o terceiro, por Auta de Souza; e ainda a crônica de Humberto de Campos e uma pequena mensagem do Espírito-guia e protetor do "médium", Emmanuel. Tudo devidamente autenticado pelas três rubricas, ao alto da página.

O célebre escritor Humberto de Campos (1886-1934), com o fardão da Academia Brasileira de Letras.

Um dos presentes faz a Chico Xavier um pedido, a que este atende: lê, em voz alta, todas as mensagens. A seguir, começa a retirada dos assistentes. A sessão está finda. Colhemos algumas impressões das pessoas de mais destaque presentes e retiramo-nos para o hotel, a fim de nos entregarmos a uma leitura mais demorada daquelas páginas recém-grafadas pelo "médium".

Frases que nos ocorrem...

Lemos e relemos aquelas mensagens no silêncio da tranquila noite sertaneja que já ia adiantada.

Depois nos quedamos a meditar sobre tudo aquilo, e nossos pensamentos começaram a girar em torno destas frases que, logo no dia seguinte à nossa chegada, ouvimos:

"Admiro-o, apenas, como "médium", porque, nesses seus momentos, ele realiza algo de extraordinário... venha-lhe a capacidade dos Espíritos, de Deus ou do Diabo, seja lá de onde for..."

Humberto aos que "ainda se acham mergulhados nas sombras do mundo"

Eis a crônica psicografada por Chico Xavier, na sessão de ontem à noite:

"Antigamente eu escrevia nas sombras para os que se conservavam nas claridades da Vida. Hoje, escrevo na luz branda da Espiritualidade para quantos ainda se acham mergulhados nas sombras do mundo. Quero crer, porém, que tão dura tarefa me foi imposta nas mansões da Morte, como esquisita penitência ao meu bom gosto de homem que colheu, quanto pôde, dos frutos saborosos da árvore paradisíaca dos nossos primeiros pais, segundo as Escrituras.

Contudo, não desejo imitar aquele velho Tirésias que, à força de proferir alvitres e sentenças, conquistou dos deuses o dom divinatório em troca dos preciosos dons da vida.

Por esta razão, meu pensamento não se manifesta entre vocês que aqui acorreram para ouvi-lo, como o daquelas entidades batedoras que, em Hydesville, na América do Norte, por intermédio das irmãs Fox, viviam nos primórdios do Espiritismo, contando histórias e dando respostas surpreendentes com as suas pancadas ruidosas e alegres.

Devo também esclarecer ao sentimento de curiosidade que os tangeu, até aqui, que não estou exercendo ilegalmente a medicina, como grande parte dos defuntos, os quais, hoje em vida, vivem diagnosticando e receitando mezinhas e águas milagrosas para os enfermos.

Tampouco, na minha qualidade de repórter "falecido", sou portador de alguma mensagem sensacional dos paredros comunistas que já se foram dessa vida para a melhor, êmulos dos Lenines, dos Kropotkines, cujos cérebros, a esta hora, devem estar transbordando teorias momentosas para o instante amargo que o mundo está vivendo.

O objetivo das minhas palavras póstumas é somente demonstrar o homem... desencarnado e a imortalidade dos seus atributos. O fato é que vocês não me viram.

Mas contem lá fora que enxergaram o médium. Não afirmem que ele se parece com o Mahatma Gandhi, pois que lhe falta uma tanga, uma cabra e a experiência anosa do "Leader" nacionalista da Índia. Mas historiem, com sinceridade, o caso das suas roupas remendadas e tristes de proletário e da sua pobreza limpa e honesta, que anda por esse mundo arrastando tamancos para remissão de suas faltas nas anteriores encarnações. Quanto a mim, digam que eu estava por detrás do véu de Ísis.

Mesmo assim, na minha condição de intangibilidade, não me furto ao desejo de lhes contar algo a respeito desta "outra vida", para onde todos têm de regressar. Se não estou nos infernos, de que fala a teologia dos cristãos, não me acho no sétimo paraíso de Maomé. Não sei contar as minhas aperturas na dolorosa perspectiva de completo abandono em que me encontrei, logo após abrir os meus olhos no reino extravagante da Morte. Afigurou-se-me que eu ia diretamente consignado ao Aqueronte, cujas águas amargosas deveria transpor, como as sombras, para nunca mais voltar, porque não cheguei a presenciar nenhuma luta entre São Gabriel e os Demônios, com as suas balanças trágicas, pela posse de minha alma. Passados, porém, os primeiros instantes de inusitado receio, divisei a figura miúda e simples do meu Tio Antoninho, que me recebeu nos seus braços carinhosos de santo.

Em companhia, pois, de afeições terrenas, no recanto fabuloso, que é a minha temporária morada, ainda estou como aparvalhado entre todos os fenômenos da sobrevivência. Ainda não cheguei a encontrar os sóis maravilhosos, as esferas, os mundos cometários, portentos celestes que Flammarion descreveu na sua "Pluralidade dos Mundos". Para o meu Espírito, a Lua ainda prossegue na sua carreira como esfinge eterna do espaço, embuçada no seu burel de freira morta.

Uma saudade doida e uma ânsia sem-termo fazem um turbilhão no meu cérebro: é a vontade de rever, no reino das sombras, meu pai e a minha irmã. Ainda não pude fazê-lo. Mas, num movimento de maravilhosa retrospecção, pude volver à minha infância na Miritiba longínqua. Revi suas velhas ruas semi-arruinadas pelas águas do Piriá e pelas areias implacáveis... Revi os dias que se foram e senti, novamente, a alma expansiva de meu pai, como um galho forte e alegre do tronco robusto dos Véras, e à minha frente, nos quadros vivos da memória, abracei a minha irmãzinha inesquecida, que era, em nossa casa modesta, como um anjo pequenino da Assunção de Murilo, que se tivesse corporificado de uma hora para outra sobre as lamas da terra...

Descansei à sombra das árvores largas e fartas, escutando ainda as violas caboclas, repinicando os sambas da gente das praias nortistas e que tão bem ficaram arquivados na poesia encantadora e simples de Juvenal Galeno.

Da Miritiba distante, transportei-me a Parnaíba, onde vibrei com o meu grande mundo liliputiano... Em Espírito, contemplei com a minha mãe as folhas enseivadas do meu cajueiro, derramando-se na terra entre as harmonias do canto choroso das rolas morenas dos recantos distantes da minha terra.

De almas entrelaçadas, contemplei o vulto de marfim antigo daquela santa que, como um anjo, espalmou muitas vezes sobre o meu espírito cansado as suas asas brancas. Beijei-lhe as mãos encarquilhadas, genuflexo, e segurei as contas do seu rosário e as contas miúdas e claras que corriam furtivamente dos seus olhos, acompanhando a sua oração...

Ave-Maria... Cheia de graça... Santa Maria.... Mãe de Deus...

Ah! De cada vez que o meu olhar se espraia tristemente sobre a superfície do mundo, volvo minha alma aos firmamentos, tomada de espanto e de assombro... Ainda há pouco, nas minhas surpresas de recém-desencarnado, encontrei na existência dos Espaços, onde não se contam as horas, uma figura de velho, um Espírito-ancião, em cujo coração milenário, presumo refugiadas todas as experiências. Longas barbas de neve, olhos transudando piedade infinita e infinita doçura; da sua fisionomia, de Doutor da Lei nos tempos apostólicos, irradiava-se uma corrente de profunda simpatia.

– "Mestre! – disse-lhe eu, na falta de outro nome – Que podemos fazer para melhorar a situação do orbe terreno? O espetáculo do mundo me desola e espanta... A família parece que se dissolve... o lar está balançando como os frutos podres, na iminência de caírem... a Civilização, com os seus numerosos séculos de leis e instituições, afigura-se-me haver tocado os seus apogeus... De um lado, existem os que se submergem num gozo aparente e fictício, e, do outro, estão as multidões famintas, aos milhares, que não têm senão rasgado, no peito ferido, o sinal da cruz desenhado por Deus com as suas mãos prestigiosas, como os símbolos que Constantino gravara nos seus estandartes... E sobretudo, Mestre, é a perspectiva horrorosa da guerra... Não há tranquilidade e a Terra parece mais um fogareiro imenso, cheio de matérias em combustão..."

Mas o bondoso Espírito-ancião me respondeu com humildade e brandura:

– “Meu filho... Esquece o mundo e deixa o homem guerrear em paz!...”

Achei graça no paradoxo, porém só me resta acrescentar: – “Deixem o mundo em paz com a sua guerra e a sua indiferença!”

Não será minha boca quem vá soprar na trombeta de Josafá. Cada um guarde aí a sua crença ou o seu preconceito. – HUMBERTO DE CAMPOS*

Humberto abandona a fonética

Como se vê, Humberto de Campos, uma vez no outro mundo e livre da Academia, despiu o fardão verde e abandonou a “fonética”, readotando a ortografia antiga...

A crônica acima, enviamo-la tal qual foi ela grafada pelo “médium”, durante o transe: assim, mantivemos alguns ligeiros erros na mesma observados, como o de concordância, na expressão “o sentimento de curiosidade que os tangeram até aqui”; o de grafia na palavra “líder”, que deve ser a inglesa “Leader”; a má colocação de algumas vírgulas e a ausência de outras.

No período final, o “médium” grafou “a sua tença e os seus preconceitos”.

“Tença”, apesar de ser palavra pouco usada, é bom português, significando “pensão, com que se remuneram serviços”, geralmente militares.

A impressão que se tem, porém, é de que, no período aludido, caberia melhor a palavra “crença”.

Em todo o caso, a que o “médium” escreveu foi a que lá deixamos.

Todos esses motivos do nosso reparo resultam, provavelmente, da “deficiência do aparelho”, conforme dizem os espíritas, referindo-se às falhas de que se ressinta, porventura, a cultura do “médium”.

Em 39 minutos!

Não seria de mais, certamente, atribuírem-se os erros citados à rapidez verdadeiramente notável com que foi grafada a mensagem: em 39 minutos!

---

* Esta crônica é uma reprodução do texto revisado, posteriormente, pelo Autor espiritual, para o lançamento do livro *Crônicas de Além-Túmulo* (FEB, Rio, RJ, 1ª edição em 1937), do qual passou a integrar-se sob o título “Aos que ainda se acham mergulhados nas sombras do mundo.” (Nota do Org.)

8

Quental e a fatalidade – As fronteiras de cinza e esquecimento – "Sombras errando abandonadas" – A derradeira mensagem – E um segredo...

Versos de Cruz e Souza, Quental e Auta de Souza psicografados na sessão de 24 de abril

O verbo "sofrer" aparece ainda nas estrofes que trazem o nome do poeta dos "Broquéis", mas já agora do lado do "deslumbramento" da alma livre

PEDRO LEOPOLDO, 26 (Do enviado especial de *O GLOBO*, Clementino de Alencar) – Conforme dizíamos na correspondência de ontem, relativa à sessão realizada na noite de 24, em casa de José Cândido, recebera o "médium", além da crônica atribuída a Humberto de Campos, três sonetos e uma rápida mensagem de Emmanuel.

Dessa parte restante da produção colhida na citada reunião, é que nos ocuparemos hoje.

Os sonetos são três, assinados, respectivamente, Antero de Quental, Cruz e Souza e Auta de Souza, e foram grafados, todos, apenas em 10 minutos, pelo "médium".

Conforme observação que já comunicamos, anteriormente, a letra varia em cada uma dessas peças poéticas, apresentando-se grande, redonda, nos versos de Quental: menor um pouco e ainda arredondada no de Auta de Souza; e, por fim, miúda, reta, nervosa, nos versos de Cruz e Souza.

Fatalidade

A primeira página grafada, naquela noite, pelo "médium", foi o soneto de Antero de Quental, sob este título: "Fatalidade".

Em 1932, escrevendo sobre versos psicografados por Chico Xavier, Humberto de Campos, conforme assinalamos em reportagem anterior, dizia, referindo-se aos versos de Quental encontrados no "Parnaso de Além-Túmulo":

"Antero de Quental continua triste, trágico, no outro mundo, e disposto, parece, a suicidar-se de novo, para reaparecer neste."

Agora, temos aqui, diante dos olhos, novos versos do autor de "O Cavaleiro e a Morte". É o mesmo tom solene, profundo, do poeta luso. Apenas parece que, ao fim de mais esses dois anos e pouco de vida do Além, adoçou-se um tanto – é a expressão que nos ocorre – o pessimismo do poeta. Pelo menos, ele já vê, lá, no reino da Morte, "onde a grande certeza principia", o "fim de toda a amargura da descrença".

E senão vejamos o que ele nos diz nestes últimos versos, psicografados, anteontem, pelo "médium" de Pedro Leopoldo:

Fatalidade

Crê-se na Morte o Nada, e, todavia,
A Morte é a própria Vida ativa e intensa,
Fim de toda a amargura da descrença,
Onde a grande certeza principia.

O meu erro, no mundo da Agonia,
Foi crer demais na angústia e na doença
Da alma que luta e sofre, chora e pensa,
Nos labirintos da Filosofia...

E no meio de todas as canseiras
Cheguei, enfim, às dores derradeiras
Que as tormentas de lágrimas desatam!...

Nunca, na Terra, a crença se realiza,
Porque em tudo, no mundo, o homem divisa
A figura das dúvidas que matam.

As fronteiras de cinza e esquecimento

Passemos ao soneto de Cruz e Souza, encimado por este título: "Felizes os que têm Deus".

O verbo "sofrer" ainda aparece nesses versos que trazem ao pé o nome do poeta dos "Broquéis", mas já, agora, ao lado do "deslumbramento" da vida da alma livre, para além das "fronteiras de cinza e esquecimento".

E para aqueles que tanto admiraram e admiram o grande torturado, é como um suave conforto à saudade, esses versos em que julgamos ver o poeta "no bergantim sagrado da Esperança".

Vejamos o soneto de Cruz e Souza:

FELIZES OS QUE TÊM DEUS

Entre esse mundo de apodrecimento
E a vida de alma livre, de alma pura,
Ainda se encontra a imensidade escura
Das fronteiras de cinza e esquecimento.

Só o pensador que sofre e anda à procura
Da verdade e da luz no sentimento,
Pode guardar esse deslumbramento
Da Fé – fonte de mística ventura.

Feliz o que tem Deus nessa batalha
Da miséria terrena, que estraçalha
Todo o anseio de amor ou de bonança!...

Venturoso o que vai por entre as dores
Atravessando o oceano de amargores,
No bergantim sagrado da Esperança.

Sombras errantes e abandonadas

Agora, o terceiro soneto, o de Auta de Souza. É toda uma exortação de mocidade malograda à alma daqueles que, como no verso de Bilac, viveram sós, morreram puros.

"Almas de virgens", intitula-se o soneto:

Andam sombras errando abandonadas,
Ao pé das lousas e das covas frias,

Almas de pobres freiras desamadas,
Perambulando pelas sacristias.

Almas das que não foram desposadas,
Como bandos de rolas erradias,
Angélicas visões de bem-amadas,
Mortas na aurora rútila dos dias...

Virgens mortas! Tristíssimas oblatas
De um sacrário de luz piedoso e santo,
Que sonhais entre os tálamos celestes,

Entoai nos céus as tristes serenatas
Com as vossas roxas túnicas de pranto,
Cantando à luz do amor que não tivestes!...

A derradeira mensagem

Restam apenas agora algumas ligeiras linhas. É a pequena mensagem de Emmanuel, grafada já quando a assistência, conforme dissemos, começava agitar-se um pouco, na impaciência muito compreensível de ler as páginas já escritas.

Essa mensagem é uma rápida observação sobre aquele momento, como se vê pelo seu teor, que é o seguinte:

"Meus filhos, a fenomenologia espírita não objetiva maravilhar os vossos olhos! O que me ocorre dizer é que deveis guardar, do observado, as vossas conclusões morais.

Os Espíritos comunicantes não se acham aqui em vosso meio, pessoalmente, mas transmitiram as suas mensagens de um plano distante, fenômeno este que podereis avaliar, com as vossas ondas hertzianas, segundo a lei analógica da qual me sinto na necessidade de utilizar. Esses trabalhos não são tão simples; porém, com a misericórdia divina, eu me conservei aqui, auxiliando o médium para que não fossem de um efeito contraproducente as vibrações das mentes que aqui se encontram na sua diversidade de opiniões e pensamentos.

Deus vos guie."

Eis aí expostos os resultados, a produção psicográfica da sessão de anteontem.

A seguir, exporemos as opiniões e impressões que colhemos da assistência, ao fim da reunião.

E depois... Ah! Mas isto ainda é segredo... Calemos, por enquanto...

9

Olhos de médico, dúvidas de juiz... – Uma resposta do outro mundo – Espíritos, barbas brancas e Kardec – E Freud...

PEDRO LEOPOLDO, 26 (Do enviado especial de *O GLOBO*, Clementino de Alencar) – Não nos foi difícil colher algumas impressões entre as pessoas de mais destaque presentes à sessão de anteontem à noite. A comunicabilidade se estabelecia, naturalmente, sobre as várias páginas psicografadas.

As opiniões, porém, assumem variadas nuances, desde a negação pronta dos materialistas até à crença dos que admitem o sobrenatural.

O Sr. José de Carvalho, por exemplo, prefeito e médico, de quem aqui se contam feitos realmente notáveis como cirurgião, vê os trabalhos do "médium" com o olhar franco, direto da sua ciência positiva. Não crê na comunicação com os mortos. A sua observação, como médico, entretanto, é esta: durante aquele período em que, no julgar dos espíritas, se dá a "comunicação", não se achava o rapaz em seu estado normal; alguma coisa fora do comum – êxtase? alucinação? –, fosse o que fosse, havia no seu todo, capaz de preocupar o médico.

Outras dúvidas

O juiz Dario Lins não faz uma negação relativa, propriamente, ao Espiritismo.

É, porém, dos que não acreditam muito nas faculdades mediúnicas de Chico Xavier, apesar de toda a produção escolhida.

Lembra, por exemplo, o fato de ter a mão do "médium" estacado, a certa altura, obrigando o presidente da mesa a pedir concentração. E conclui:

– Pois se o rapaz confessa que, às vezes, até quando sozinho, recebe Espíritos, por que essa dificuldade observada na sessão, onde, além dele, havia mais cinco pessoas – ou outros componentes da "corrente" – concentradas, e, a meu julgar, propiciando ainda mais a "comunicação"? Parece-me que ali o "transe", então, deveria ser mais seguro, mais profundo. No entanto, observou-se aquele enfraquecimento...

A resposta vem do outro mundo...

Quando o juiz Dario Lins assim falava, nós já tínhamos, no bolso, uma resposta às suas dúvidas e indagações.

E uma resposta vinda do outro mundo...

Expliquemos: Aquilo que o Sr. Dario chamara de "enfraquecimento", a parada da mão do médium em meio à comunicação, certamente já ocorrera em sessões anteriores, e tal fato provocara, no próprio "médium", indagação análoga à do juiz. E um Espírito, "Marta", respondera do Além, numa mensagem recebida na sessão de 21 de março de 1934, e que encontráramos no "arquivo" de Chico Xavier.

Essa comunicação referente ao "modus operandi" dos Espíritos, como outra de Emmanuel de que já enviamos um trecho, diz o seguinte:

"Meu caro amigo.

Quereis saber por que recebeis, às vezes, comunicações dos Espíritos fora das vossas reuniões habituais, quando desejaríeis psicografá-las ao lado dos vossos companheiros.

Vou responder a essa arguição.

Ainda não compreendeis na Terra como se opera o fenômeno da comunicação dos desencarnados. Ela se faz – expressando-me de forma a me compreenderdes de um modo geral, já que para entenderdes minuciosamente não estais preparados – ela se faz só por afinidades.

Um Espírito, em se manifestando, necessita sintonizar o cérebro que recebe à sua influência. Sintonização de vibrações espirituais.

O médium, pelos seus sentimentos de moral, pelo recolhimento e pela prece, aumenta as suas vibrações; os libertos da carne, já evoluídos, pelos bons desejos que os animam de esclarecer e ensinar os seus semelhantes, restringem e reduzem as suas, entrando, assim, dentro do círculo acanhado em que viveis.

O essencial para que o fenômeno se verifique é a homogeneidade dos pensamentos, porque os Espíritos não conhecem as distâncias de espaço; para eles, existem as distâncias psíquicas, e estas, muitas vezes, impossibilitam a sua ação.

Numa reunião, nem sempre existe a afinidade requerida, fator principal de um ambiente favorável, resultante das vibrações simpáticas entre os assistentes, e daí a preferência de alguns desencarnados pelo isolamento para certa ordem de trabalho. – Martha"

Tínhamos a resposta no bolso; mas nao a exibimos. Não estávamos em propaganda...

As barbas brancas

Outro ponto que suscitou comentários dos que não creem foi aquela parte da mensagem de Humberto em que aparece um Espírito ancião de "longas barbas de neve".

– Espírito de barbas? – é a indagação da dúvida.

Desta vez, não tínhamos a resposta no bolso. Mas um espírita nos diz que ela já está de há muito grafada, em ampla explanação, nos livros de Kardec. Os Espíritos assumem uma imagem divisável...

A nós, pareceu-nos que a figura de ancião de barbas brancas era, pelo menos, uma "imagem literária" indispensável ao cronista, fosse ele do Além ou daqui mesmo.

Freud, etc.

O Sr. Maurício de Azevedo apela para Freud.

A seu ver, ocorrem fatos, fenômenos tais, que bem nos convidam a atentar na hipótese de trazermos, muitos de nós, no fundo da nossa mentalidade, a sedimentação de várias civilizações e culturas anteriores.

Seria muito tolo!

Há, porém, os que veem, no caso, um fenômeno realmente espírita e, por conseguinte, admitem a doutrina.

Estes refutam todas as dúvidas e a ideia de fraude pela consideração de que, se Chico Xavier tivesse capacidade para criar tudo o que grafa nas sessões, e má-fé suficiente para "embrulhar" os crentes; ou, se representasse de "médium" a serviço de "vivos", então:

– Ele seria também muito tolo para se submeter à condição, em que vive, de um pobre caixeirinho de venda do sertão, ganhando 90$ por mês!

E acrescenta, citando nomes, uma exposição de oferecimento de melhores colocações, fora de Pedro Leopoldo, feitas a Chico Xavier por admiradores seus.

O rapaz, porém, nunca aceitou tais ofertas, respondendo aos seus amigos que não deixará, de forma alguma, a venda de Seu Zé Felizardo.

Seu Zé é padrinho dele e o rapaz lhe tem grande afeição. Só a morte do patrão poderá afastá-lo daquele posto.

Humildade e renúncia.

Assombrações no outro mundo...

A seguir, enviaremos, retirada do arquivo do "médium", mais uma das mensagens atribuídas a Humberto de Campos, e que, segundo afirma uma observação ao pé, foi psicografado por Chico Xavier no dia 9 de abril corrente.

Essa mensagem nos traz uma revelação surpreendente: entre os mortos, ou os "desencarnados" como querem os espíritas, podem também ocorrer casos de "assombração" e de "sustos"...

10

OUTRA CRÔNICA DE HUMBERTO DE CAMPOS – "... SEM PENSAR NO RELÓGIO QUE REGULAVA OS NOSSOS ATOS NO PRESÍDIO DA TERRA, NEM NOS PONTEIROS DO ESTÔMAGO..." – DOIS DEDOS DE PROSA COM O CORONEL CANTIDIANO – O "F."

PEDRO LEOPOLDO, 26 (Do enviado especial de *O GLOBO*, Clementino de Alencar) – A crônica de Humberto de Campos a que nos referimos, ao fim da correspondência enviada esta manhã, tem um título: "Na mansão dos mortos". Conforme a observação escrita ao pé, foi psicografada por Chico Xavier a 9 do corrente.

Nela, é-nos feita uma narrativa verdadeiramente curiosa e impressionante, e capaz de demonstrar como não estão definitivamente sepultados os segredos que a morte levou...

Essa crônica é a seguinte:

– O amigo sabe que os fotógrafos ingleses registraram a presença de Sir Conan Doyle no enterro de Lady Gaillard?

Esta pergunta me foi dirigida pelo coronel Cantidiano da Cunha, que eu conhecera numa das minhas viagens pelo Nordeste. O coronel lia, por desfastio, as minhas crônicas e, em poucos minutos, tornamo-nos camaradas. Havia muito tempo, todavia, soubera eu da sua passagem para o outro mundo, em virtude de uma arteriosclerose generalizada. Tempo vai, tempo vem, defrontamo-nos de novo no vagão infinito da Vida, em que todos nós viajamos através da eternidade.

E, como o melhor abraço é o que podemos dar longe dos vivos, ali estávamos os dois, "tête-à-tête", sem pensar no relógio que regulava os nossos atos no presídio da Terra, nem nos ponteiros do estômago que aí trabalham com demasiada pressa.

A casa paupérrima onde vivia Chico Xavier em 1935.

Cantidiano tinha no mundo ideias espíritas e continuava, na outra vida, a se interessar pelas coisas da sua doutrina.

– Então, coronel, a vida que levaremos por aqui não será muito diversa da que observávamos lá embaixo? Um morto, por exemplo, pode apresentar-se nas solenidades dos vivos, participar das suas alegrias e das suas tristezas, como no presente caso? Aliás, já sabemos do capítulo evangélico que manda os mortos enterrarem seus mortos.

– Pode sim, menino – replicou o meu amigo, como quem evocasse uma cena dolorosa –, mas isso de acompanhar enterros, sobra-me experiência para não mais fazê-lo. Costumamos observar que, se os vivos têm medo dos que já regressaram para cá, nós igualmente, às vezes, sentimos repulsa de topar os vivos. O que lhe vou contar, porém, ocorreu entre os considerados mortos. Tive medo de dois espectros num ambiente soturno de cemitério.

E o meu amigo, com o olhar mergulhado no pretérito longínquo, monologava:

– Desde essa noite, nunca mais acompanhei enterros de amigos... deixo isso para os encarnados que vivem brincando de cabra-cega, no seu temporário esquecimento...

– Conte-me, coronel, o acontecido – disse eu, mal sopitando a curiosidade.

– Lembra-se – começou ele – da admiração que eu sempre manifestava pelo Dr. Antonio F., que você não chegou a conhecer em pessoa?

– Vagamente...

– Pois bem, o Antonico, nome pelo qual respondia na intimidade, era um dos meus amigos do peito. Advogado de renome na minha terra, já o conheci na elevada posição que usufruía no seio da sociedade que lhe acatava todas as ações e pareceres.

Pardavasco insinuante, era o tipo do mulato brasileiro. Simpático, inteligente, captava a confiança de quantos se lhe aproximavam. Era de uma felicidade única. Ganhava todas as causas que lhe eram entregues. O crime mais negro apresentava, para a sua palavra percuciente, uma argumentação infalível na defesa. Os réus, absolvidos com a sua colaboração, retiravam-se da sala de sessões da justiça quase canonizados. O Antonico se metera em alguma pendência? O triunfo era dele. Isso era certo. Gozava de toda a nossa consideração e estima. Criara a sua família com irrepreensível moralidade. Em algumas cerimônias religiosas a que compareci, recordo-me de lá haver encontrado Antonico, como bom católico, em cuja personalidade o nosso vigário via um dos mais prestigiosos dos seus paroquianos.

Antonico chefiava iniciativas de caridade, presidia associações religiosas e primava pela austeridade intransigente dos costumes.

Quando voltei desse mundo, que hoje representa para nós uma penitenciária, trouxe dele saudosas recordações.

Imagine, pois, o meu desejo de reencontrá-lo quando vim a saber, nestas paragens, que ele se achava às portas da morte. Obtive permissão para excursionar pela Terra e fui revê-lo na sua cama de luxo, rodeado de zelos extremos numa alcova ensombrada de sua confortável residência. As poções eram ingeridas. Injeções eram aplicadas. Os médicos eram atenciosamente ouvidos. Contudo, a morte rondava o leito de rendas, com o seu passo silencioso. Depois de ter o abdômen rasgado por um bisturi, uma infecção sobreviera inesperadamente.

Apareceu uma pleurisia e todas as punções foram inúteis. Antonico agonizava. Vi-o nos seus derradeiros momentos sem que ele me visse na sua semi-inconsciência. Os médicos, à sua cabeceira, deploravam o desaparecimento do homem probo. O padre, que sustinha naquelas mãos de cera um delicado crucifixo, recitando a oração dos moribundos, fazia ao céu piedosas recomendações. A esposa chorava o esposo, os filhos o pai. Aos meus olhos, aquele quadro era o da morte do justo. Transcorridas algumas horas, acompanhei o fúnebre cortejo que ia entregar à terra aqueles despojos frios.

Desnecessário é que lhe diga das pomposas exéquias que a Igreja dispensou ao morto, em virtude da sua posição eminente. Preces. Aspersões com hissopes ensopados na água benta e latim agradável.

Mas, como nem todos os que morrem se desapegam imediatamente dos humores e das vísceras, esperei que o meu amigo acordasse para ser o primeiro a abraçá-lo.

Era crepúsculo. E, naquela tarde de agosto, as nuvens estavam enrubescidas, em meio do fumo das queimadas, parecendo uma espumarada de sangue. Havia um cheiro de terra brava, entre as lousas silenciosas, ao pé dos salgueiros e dos ciprestes. Eu esperava. De vez em quando, o vento agitava a ramaria dos chorões, os quais pareciam soluçar, numa toada esquisita. Os coveiros abandonaram a tarefa sinistra e eu vi um vulto, de mulher, esgueirando-se entre as lápides enegrecidas. Parou junto daquela cova fresca. Não se tratava de nenhuma alma encarnada. Aquela mulher pertencia também ao reino das sombras. Observei-a de longe. Todavia, gritos estentóricos ecoaram aos meus ouvidos:

– Antonio F.! – exclamou o espectro – Chegou o momento da minha vingança!... Ninguém poderá advogar a tua causa. Nem Deus nem o Demônio poderão interceder pela tua sorte, como não puderam cicatrizar, no mundo, as feridas que abriste em meu coração. Todas as nossas testemunhas, agora, são mudas. Os anjos aqui são de pedra e as capelas, de mármore, cheias de cruzes caladas, são estojos de carne apodrecida. Lembras-te de mim? Eu sou a Rosinha Sanches, que infelicitaste com a tua infâmia!

Já não és aquele moreno insinuante que surrupiou a fortuna de meus pais, destruindo-lhes a vida e atirando-me no meretrício abominável. A fortuna que te deu um nome foi edificada no pedestal do crime.

Recordas-te das promessas mentirosas que me fizeste?... Envergonhada, abandonei a terra que me vira nascer para ganhar o pão no mais horrendo comércio. Corri mundo sem esquecer a tua perversidade e sem conseguir afogar o meu infortúnio na taça dos prazeres.

Entretanto, o mundo foi teu. Réu de um crime nefando, foste sacerdote da justiça; eu, a vítima desconhecida, fui obrigada a sufocar a minha fraqueza nas sentinas sociais, onde os homens pagam o tributo das suas misérias. Tiveste a sociedade; eu, os bordéis. O triunfo e a consideração te pertenceram; a mim coube o desprezo e a condenação. Meu lar foi o hospital donde se escapou o último gemido de meu peito.

Meus braços, que haviam nascido para acariciar os anjos de Deus, como dois galhos de árvores cheios de passarinhos, foram por ti transformados em tentáculos de perdição. Eu poderia ter possuído um lar, onde as crianças abençoassem os meus carinhos e onde um companheiro laborioso se reconfortasse com o beijo da minha afeição. Venho condenar-te, oh! desalmado assassino, em nome da justiça eterna que nos rege, acima dos homens. Há mais de um lustro, espero-te nesta solidão indevassável, onde não poderás comprar a consciência dos juízes... Viveste com o teu conforto, enquanto eu penava com a minha miséria, mas o inferno agora será de nós dois!...

O coronel fez uma pausa, enquanto eu meditava tristemente naquela história.

– A mulher chorava – continuou ele – de meter dó. Aproximei-me dela, não sendo, porém, notada a minha presença. Olhei a cruz modesta e carcomida que havia sido arrancada, poucas horas antes, daqueles sete palmos de terra, para que ali fosse aberto um novo sepulcro, e, não sei se por artes do acaso, nela estava escrito um nome com pregos amarelos, já desfigurados pela ferrugem: "Rosa Sanches – Orai por ela".

Por uma coincidência sinistra, reencontravam-se os dois corpos e as duas almas. Procurei fazer tudo pelo Antonico, mas, quando atravessei com o meu olhar a terra que lhe cobria os despojos, afigurou-se-me ver um monte de ossos que se moviam. Crânio, tíbias, úmeros, clavículas se reuniam sob uma ação misteriosa, e vi uma caveira chocalhando os dentes de fúria, ao mesmo tempo que umas falangetas de aço pareciam apertar o pescoço do cadáver do meu amigo.

– E ele, coronel, isto é, o Espírito, estava presente?

– Estava sim. Presente e desperto. Lá o deixei, sentindo os horrores daquela sufocação...

– Mas e Deus, coronel? Onde estava Deus que não se compadeceu do pecador arrependido?

Cantidiano me olhou, como se estivesse interrogando a si mesmo, declarando por fim:

– Homem, sei lá!... Eu acredito que Deus tenha criado o mundo, mas acho que a Terra ficou mesmo sob a administração do Diabo. – HUMBERTO DE CAMPOS."

O "F."

Atendendo a um pedido de Chico Xavier, substituímos, na mensagem acima, o sobrenome do "Dr. Antonio" pela letra "F".

Ao nos fazer esse pedido, ele o justificou assim: pessoas daqui, que leram essas páginas, pouco depois de serem elas psicografadas, dizem saber da existência, em Minas e São Paulo, de famílias com o sobrenome que apareceu na mensagem.

Dado o fato na mesma narrado, compreendem-se o escrúpulo e a delicadeza do "médium" em pedir a supressão, que nos apressamos a fazer.

A repercussão em Minas

BELO HORIZONTE, 10 (Especial para *O GLOBO*) – Têm tido grande repercussão na capital as reportagens feitas pelo enviado especial de *O GLOBO*, em Pedro Leopoldo, sobre as mensagens vindas do além-túmulo. As edições se esgotam, sendo as mensagens comentadas em todas as rodas. A respeito da realidade das cartas psicografadas por Chico Xavier, o vespertino "Diário da Tarde" ouviu, hoje, o Sr. Raul Henriot, autoridade espírita nesta capital, que declarou:

– Ando a par dos trabalhos de Chico Xavier, a quem conheço pessoalmente e cujo poder mediúnico a ninguém é lícito negar. De fato, trata-se de um fenômeno nitidamente espírita. São reais e insofismáveis as mensagens recebidas de além-túmulo por Xavier, não se podendo pôr a menor dúvida em que elas partam daquelas eminentes figuras já falecidas. O mesmo braço que psicografou aquelas produções deixou, abaixo delas, a assinatura de seus autores. Foi Humberto de Campos quem transmitiu a Chico Xavier os seus novos trabalhos no mundo espiritual. Aliás é fácil, pelo conhecimento do estilo, reconhecer a identidade do autor.

11

Chico Xavier está assombrado... com os vivos!

PEDRO LEOPOLDO, 10 de maio – (Especial para *O GLOBO*, por Clementino de Alencar) – Motivos particulares e imperiosos nos haviam levado de volta ao Rio, nos últimos dias de abril. Assim, tivemos de abandonar, por pouco mais de uma semana, o círculo sedutor e impressionante dos fatos e revelações em torno dos quais desdobramos, tanto quanto possível – com a atenta e silenciosa isenção dos espelhos –, as nossas reportagens anteriores.

Não déramos, porém, o assunto como encerrado. Pelo contrário, mais do que nunca se apresentava ele tentador e extenso diante dos nossos olhos e das nossas indagações – como uma perspectiva de incógnitas que se perdesse ao longe, nas brumas. E, dominados os motivos que nos haviam arredado, momentaneamente, de Pedro Leopoldo, eis que o repórter e o fotógrafo retomam o rumo do planalto altivo da velha Minas tradicional, heroica e serena que nos reafirma e adverte, no bronze e no granito de seus monumentos:

– Montani semper liberi.

Agora sim

De novo, pois, rasgaram-se, aos nossos olhos, os horizontes da tradição e da legenda. De novo o Ribeirão da Mata, o Rio das Velhas, a Santa Luzia, na sucessão infindável das colinas coroadas dos coqueiros que ficaram do século XVII – o rústico mas seguro balisamento da marcha das bandeiras.

E agora sim, ao contrário da outra vez, nós encontramos em Pedro Leopoldo, apenas saltamos, a mais amável e tocante das recepções: o sorriso da menina do café.

Depois, a outra menina, a cidade, sempre bonita e simpática, reconhece-nos e nos sorri também.

E não tarda que, diante da mesa concorrida e farta do Hotel Diniz, reencontremos o mesmo ambiente de expansiva e grata hospitalidade que já nos seduzira da outra vez. E nem faltam ali – para a sensação de que os dias não passavam – os "casos de assombração" e as anedotas da fulaninha...

A inundação

A par dessa sensação de reencontro amável, uma constante se vai impondo às nossas observações: o assunto "Chico Xavier" transbordou, irreprimivelmente, do leito já largo por onde corria quando demos com ele, da primeira vez, e nos pusemos a lhe acompanhar o curso. Agora, encontramos a inundação lavando a campanha, o sertão. Nem a capital escapou de todo. Apenas as crianças, a torrente ainda não pode colher; para estas, por enquanto, só há, ao que parece, uma coisa que as preocupa deste e do outro mundo: as figurinhas das balas de açúcar, a mania que agita e absorve o mundo liliputiano da região.

A primeira novidade

A primeira novidade que encontramos, apenas desembarcamos, é a presença aqui de mais um "médium", o Sr. José Ribeiro Sobrinho.

Enquadrado, por sua qualidade, dentro do assunto que mais anima as palestras, o Sr. Ribeiro Sobrinho também chama um pouco as atenções.

É "médium" de incorporação e vidente. Sua presença, aqui, prende-se, ao que parece, à repercussão do caso Chico Xavier. E a sua presença, para o repórter, desperta desde logo interesse, pelo seguinte: ele quer comparecer à primeira sessão dos irmãos Xavier, o que aguça, sobremodo, as expectativas...

No balcão

Fomos encontrar Chico Xavier, à tarde, no seu posto de costume: o balcão de Seu Zé Felizardo.

O rapaz está assombrado... Não com os mortos, mas com os vivos. Inquieta-o, na sua humildade, o receio de que o façam "importante".

Fala quase como quem suplica:

– Eu tenho medo dessas notícias... Faço a minha religião no silêncio... Poderia parecer aos meus amigos e companheiros de crença que eu quero publicidade... Preferia ficar obscuro, desconhecido... Deus é testemunha de que eu vivo sem interesses materiais.

Depois deste exórdio com que costuma receber o repórter, e da sua esquivança à objetiva – "Ora, eu estou todo despenteado..." – Chico Xavier vai admitindo, aos poucos, a pergunta e a confidência.

Assim, revela-nos que, depois da sessão de 24 de abril, adoeceu ligeiramente, atribuindo isso ao esforço despendido, naquela reunião, para psicografar as mensagens – que já publicamos –, apesar das perturbações que a assistência, agitando-se um pouco, produzira na "corrente".

Restabeleceu-se, porém, rapidamente, e está pronto a continuar a exercer sua missão de médium.

Aliás, a 28 de abril, Chico Xavier já teve um dos seus "transes" solitários e colheu, então, uma curiosa mensagem de que nos ocuparemos a seguir, com um cuidado muito especial, porque ela nos diz respeito...

O Homem e o Espírito

Da produção colhida durante esse "transe", limitar-nos-emos a enviar hoje dois sonetos de Augusto dos Anjos.

Um deles intitula-se "Espírito" e apresenta-se bem grafado, bem coordenado.

É este:

Espírito

Busca a Ciência o Ser pelos ossuários,
No órgão morto, impassível, atro e mudo;
No labor anatômico, no estudo
Do germe, em seus impulsos embrionários;

Mas só encontra os vermes-funcionários
No seu trabalho infame, horrendo e rudo,
De consumir as podridões de tudo,
Nos seus medonhos ágapes mortuários.

No meio triste de cadaverinas
Acha-se apenas ruína sobre ruínas,
Como o bolor e o mofo sob as heras;

A alma que é Vibração, Vida e Essência,
Está nas luzes da sobrevivência,
No transcendentalismo das esferas.

O outro soneto intitula-se "Homem". E quanto a esse, fizemos uma observação interessante: a certa altura, na segunda quadra, as palavras, os versos, sob os imperativos da métrica de tal forma se enredam, que o sentido se torna um tanto confuso. O médium reconhece isso. A nós, parece também que o verso "Faz-se mister de lágrimas que o domem" contém um erro vulgar de concordância e um "de" a mais.

Sem indicarmos o ponto que nos parecia errado e admitindo, com o "médium", que o sentido da quadra apresentava um tanto confuso, propusemos – com intenção – que ele, levando em conta o fato de grafar, às vezes, com ligeiros senões, as mensagens, fizesse, nos versos, citados, a correção.

Chico Xavier não soube, porém, corrigir... Quanto ao sentido confuso, observou-nos que, em geral, os "Espíritos" voltam para fazer as correções no que tenha sido mal grafado ou não tenha sido compreendido. No caso desse soneto, todavia, Augusto dos Anjos não voltara.

E ele, por si, não saberia desenredar aqueles versos...

O soneto referido é o seguinte:

Homem

Na misteriosa solidariedade
Das células vitais que se consomem,
Vive a alma encarnada, em síntese o homem,
Educando atributos da vontade.

Buscando o Ser os fios da verdade
Faz-se mister de lágrimas que o domem
Mas não encontra estigmas que o tomem
Dos aguilhões da hereditariedade.

No tormento estiomeno, profundo
Vivem todos os seres sobre o mundo
Desalentados, frágeis e famintos...

Vives querendo a luz ignorada
E ouves somente, oh! alma encarcerada,
A triste orquestração dos teus instintos.

12

CHICO XAVIER NARRA AO ENVIADO DE *O GLOBO* AS SENSAÇÕES DA SUA INTIMIDADE COM OS ESPÍRITOS – O QUE SE CHAMA "CAIR DAS NUVENS" – UM TORPOR QUE DEGENERA EM SOFRIMENTO – MÚSICA! – MORTOS PARECENDO VIVOS...

"Meu Brasil querido" – ainda escreve Casemiro de Abreu

PEDRO LEOPOLDO, 11 (Especial para *O GLOBO*, por Clementino de Alencar) – Não faz de certo ainda meia hora que Chico Xavier nos deixou. Ele nos viera trazer, gentileza sua, todo o arquivo de produções psicografadas que põe bojuda sua pobre pasta de papelão. Essa gentileza, entretanto, veio como um remate inesperado ao fim de séria relutância. Ele não queria – e assumia um grande ar de sinceridade ao no-lo dizer, à tarde – continuar a aparecer no noticiário dos jornais. Perturbava-o, assombrava-o mesmo, esse clarão repentino de publicidade. Por que, era então sua indagação inquieta, procurar iluminar, assim, de chofre, a sua obscuridade pobre, mas que lhe resultava grata, como a melhor conquista de suas renúncias a bens terrenos?...

Àquela hora, não conseguíramos demovê-lo de todo. Deixando-o, porém, ao fim da palestra rápida, no balcão do seu destino, o balcão do Zé Felizardo, deixamos também, no chão sincero de suas resistências, uma semente de meditação. A semente feliz germinou, rápida, como no milagre oriental, e não tardou que vicejasse na fronde bonita da reconsideração. Poucas horas depois, à noite, conforme pedíramos, ele nos

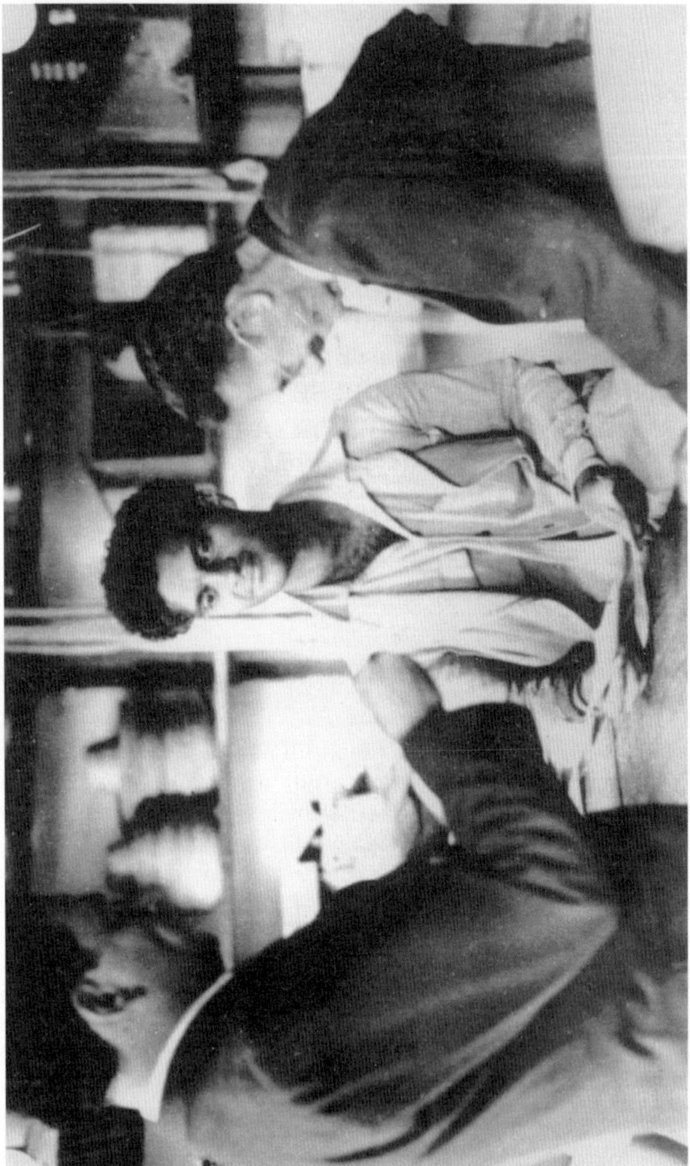

Chico Xavier, no local de seu trabalho, na presença do patrão e padrinho Sr. Felizardo, mostra mensagens mediúnicas de seu arquivo ao repórter do Globo. *(*Copyright *Agência* O Globo*)*

trouxe o arquivo de suas estranhas mensagens, naquela mesma pasta pobre que manuseáramos já. E, assim fazendo, reconsiderava: que se dispunha ainda, por algum tempo, a encarar os clarões e arrostar os percalços da publicidade para que ninguém supusesse ter ele receio de se submeter aos "testes" da curiosidade e das análises.

E ainda mais: com sua pasta, trouxe-nos também suas confidências de "médium".

A palestra foi longa e quase que toda entregue à sua palavra.

Agora, ele já se foi. Aí nos ficou esse mundo de páginas que se espalham aos nossos olhos como o jorro abundante de um manancial ignoto – tal como nem o mar, que foge ao longe do alcance de nossas vistas, lambe-nos os pés, na praia, com as ondas delgadas e mansas das suas horas tranquilas, quando chegamos, não raro, a esquecer-nos de que aquela carícia, que as areias bebem, é apenas um fugidio detalhe na imensidão...

O estranho noturno

Pela janela, percebemos, lá fora, a escuridão quase sem estrelas.

A treva, já de há muito, como no verso de Junqueiro, veio apagar a luz para espreitar a vida. A noite vai alta.

E as páginas ali deixadas pelo "médium", e as palavras de suas confidências que ainda se embalam como que reais e sonoras, na rede atenta da nossa escuta, compõem, para a revoada da nossa meditação, um estranho noturno.

Como num transe...

Esta noite, quando ele chegou, o escrevente humílimo, não sei que impressionante vibração era aquela que havia em sua voz. Parecia falar-nos com uma inspiração nova, com uma palavra mais fácil, uma frase mais elegante e flexuosa do que dantes. Por vezes, era brilhante imagem que ele traçava de suas ideias. Surpreendia-nos então; e nos púnhamos a mirá-lo mais atentamente, à procura do Chico Xavier do balcão. Seria ainda o caixeirinho de sorriso ingênuo que ali estava ou era apenas um imprevisto inspirado que nos falava assim?...

Não saberíamos separar um e outro, no estilo daquelas confidências. Eles se confundiam tanto...

E pusemos a escutar Chico Xavier, na impressão de o termos ali em transe...

Mecanicamente

Lançáramos, de início, algumas perguntas compostas sobre nossas observações de outros dias.

– Quando grafo as mensagens nas sessões, eu só faço-o mecanicamente. Um torpor pesado, prolongado, invade-me. Serão realmente dos nomes que as assinam as páginas então produzidas?... Eu não poderia responder precisamente, porque, então, a minha consciência como que dorme. De uma coisa, porém, julgo estar certo: não posso considerar minhas essas páginas porque não despendi nenhum esforço intelectual, nem ao grafá-las no papel.

Entre este e o outro mundo...

Alternadamente com o inesperado, vai aparecendo o caixeirinho:

– O torpor é assim profundo, mas com o auxílio do silêncio. Um chamado brusco, por exemplo, perturba-me, sobressalta-me, causa-me até mal físico. Há dias, eu estava nos fundos da venda, presa de um desses imprevistos torpores. Depois, por lento transporte, senti-me, ainda adormentado, num mundo diferente. Ouvia cantos bonitos, parecia-me que também a voz de minha mãe. De repente, ouvi uma voz áspera a gritar:

– Me dá um quilo de toucinho!...

Era um freguês. Que coisa horrível eu senti. Foi como se eu caísse de um sobrado. E compreendendo que, se o freguês gritava, era por já haver falado várias vezes.

Auditivo

À outra indagação nossa, ele responde que nem sempre é assim, escrevente mecânico. Às vezes, torna-se auditivo. Ouve, então, poesias e preleções inteiras, como se estivesse "fora de si, mas sem perder inteiramente a consciência de si mesmo". Unicamente, depois desse transe auditivo, guarda a impressão de que ouvia, mas não saberia grafar o escutado.

Fenômeno dentro de outro fenômeno?

Expõe ainda Chico Xavier um caso que lhe ocorre, como se fosse um fenômeno dentro de outro, pois traz uma diferença de seus transes habituais. Foi isso mais evidente na ocasião em que psicografou a poesia "O Padre João", constante do "Parnaso de Além-Túmulo" e assinado Guerra Junqueiro.

Quando grafou essa poesia, parecia-lhe ver as imagens na sequência em que se apresentavam elas nos versos: o sacerdote no templo; depois, abandonando-o e, por fim, despindo a batina, definitivamente.

Música e sonho consciente

Como falássemos em música, ele nos diz:

– A música me produz uma excitação muito especial, que pode me levar ao transe, mas também, mais comumente, a uma espécie de sonho consciente. Aliás, esse sonho consciente me ocorre muitas vezes. E digo consciente, porque não perco de todo a ligação comigo mesmo. Unicamente, minhas sensações são curiosas; às vezes, parece que, como se estivesse do meu próprio lado, vou pôr a mão na minha cabeça, tocar no meu próprio corpo, na minha própria carne.

Os Espíritos e a pátria

Manifestamos certa estranheza ao "médium" pelo fato de alguns dos Espíritos que com ele se comunicam demonstrarem ainda um sentimento de pátria. Numa página psicografada de Casimiro de Abreu lêramos, por exemplo, "meu querido Brasil".

Chico Xavier confessa que essa pergunta já lhe ocorrera. E os Espíritos costumam atender a essas e a outras indagações do gênero com esta explicação:

"– Se nós formos dizer as coisas, as sensações e estados daqui como eles são, não seremos entendidos, porque os da Terra não têm palavras que representem ou exprimam tudo aquilo. E, se falamos um tanto à maneira dos homens, e buscamos o nosso estilo, é para sermos identificados, reconhecidos."

Espíritos que parecem vivos

Outro ponto curiosíssimo que guardamos das confidências do "médium" é este:

Conta-nos ele haver Espíritos que lhe fazem, às vezes, perguntas como se fossem vivos. O "médium" manifesta-lhes essa impressão, e os Espíritos respondem: muitos deles parece que ainda sentem sobre si os despojos terrenos, o corpo e as impressões físicas. Nessas circunstâncias, eles se manifestam ao "médium" de uma tal maneira que esse pode ter a impressão de estar falando com um "vivo". Unicamente, o "médium" poderá fechar o mais possível os "ouvidos": continuará a ouvir o que lhe comunique o Espírito...

O noturno, o sono e o sonho.

E o noturno continua, para a revoada da nossa meditação. A escuridão, lá fora, já se esbate na madrugada. Nossa cabeça pende, sonolenta. Mas, quando a deixamos pender de todo, sentimos que ainda as palavras do médium continuam, como "que ainda reais e sonoras", a acompanhar os nossos pensamentos como um sonho...

13

EMMANUEL KANT? – NÃO, EMMANUEL, APENAS... – O DEPOIMENTO DE UM MÉDICO – "NÃO SERIA DEMAIS FALAR-SE AÍ EM HISTERIA" – UM ESPÍRITO QUE ESCREVE ÀS AVESSAS – BERLITZ FIRST BOOK... – A CARTA EM ITALIANO – EMMANUEL, POLIGLOTA

PEDRO LEOPOLDO , 12 – (Especial para *O GLOBO*, por Clementino de Alencar) – Durante a palestra que mantivemos com Chico Xavier, no hotel, e de que nos ocupamos na correspondência anterior, fizemos também ao "médium" uma pergunta referente a Emmanuel, que é o seu protetor, o seu Espírito-guia, o "controleur" das comunicações com o Além.

Respondeu-nos Chico Xavier que esse Espírito se lhe manifestou em 1929 e, daí por diante, nunca mais o abandonou em seus transes.

Perguntamos ainda se esse protetor nunca dera, nas comunicações, seu nome inteiro, e citamos como exemplo, "Emmanuel Torres", "Emmanuel Kant"...

– Não. Emmanuel jamais quis revelar sua identidade nesta vida. Diz que não lhe convém fazer essa revelação.

Adianta apenas que foi sacerdote. Confessa-se, porém, amigo do "médium" desde outras vidas. "Prometeu ditar-me um livro do qual, aliás, já tenho recebido alguns trechos, mensagens várias, entre as quais duas intituladas "A subconsciência nos fenômenos psíquicos" e "Roma e a Humanidade"".

As comunicações de Emmanuel são sempre reveladoras de cultura invulgar, e Chico Xavier lembra-nos como deve ao seu Espírito-protetor algumas das suas mais interessantes revelações, como "médium".

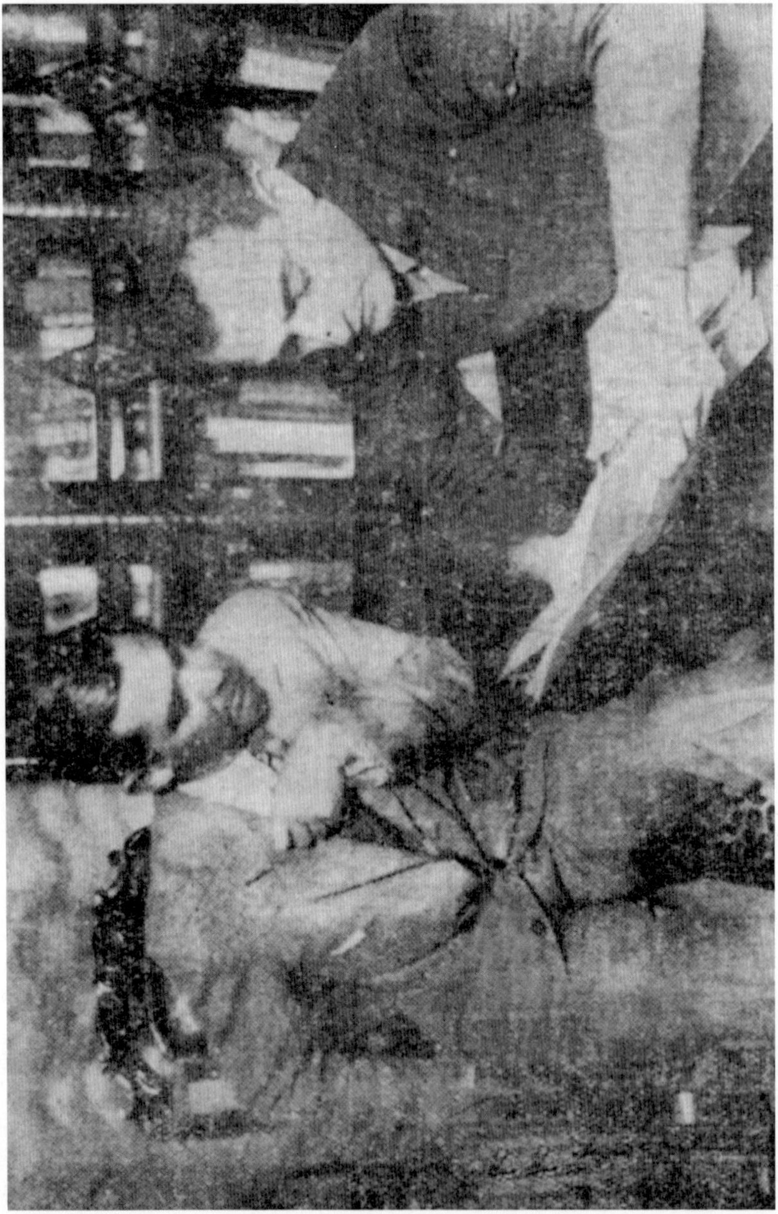

No seu gabinete de trabalho, o Dr. Christiano Ottoni fala ao repórter do Globo *sobre a instrução precária de Chico Xavier.*

Entre essas está a mensagem em inglês, a que já fizemos referência em reportagem anterior, e uma página em italiano escrita de maneira muito curiosa, por isso que o original só pôde ser lido com o auxílio de um espelho.

Perguntamos por esses originais em inglês e italiano. Chico Xavier, infelizmente, não os tem em mão, atualmente. Estão eles em poder do Doutor Rômulo Joviano, inspetor da Fazenda Experimental daqui e que, presentemente, acha-se em regresso de uma viagem à Europa. Informa-nos, porém, o "médium" que em poder do Dr. Christiano Ottoni, médico aqui residente, poderão ser encontradas cópias das referidas mensagens devidamente autenticadas.

Com o Sr. Christiano Ottoni

Com aquela informação, fomos hoje procurar o médico citado.

O Dr. Christiano Ottoni, clínico de grande nomeada em toda esta zona de Minas e, ao mesmo tempo, cavalheiro de trato afabilíssimo e simpático, recebendo-nos em sua própria residência, aquiesce gentilmente em servir o repórter, fornecendo-nos as cópias procuradas.

Na mesma ocasião, falando-nos sobre Chico Xavier, diz-nos o Dr. Christiano Ottoni:

– Conheço esse rapaz desde menino. O que se diz dele, quanto à instrução, é verdade; fez apenas os quatro primeiros anos do Grupo Escolar de Pedro Leopoldo. Depois disso, tem vivido sempre aqui, entre nós, entregue ao trabalho diário e, portanto, sem a possibilidade de conquistar uma cultura bastante apreciável como a revelada em muitas das mensagens que ele grafa. Esta, por exemplo, da qual o rapaz teve a gentileza de me enviar uma cópia.

E o Sr. Christiano Ottoni mostra-nos algumas páginas que constitui um interessante ensaio assinado por Emmanuel, sobre o "corpo espiritual" e a memória.

Fui seu examinador

Relembra a seguir o Dr. Ottoni ter sido um dos examinadores dos 3º e 4º anos do Grupo Escolar, ao tempo em que ali Chico Xavier estudava. Teve assim ocasião de examinar o rapaz e conhecer um pouco de suas possibilidades intelectuais, que afirma serem grandes: a inteligência muito lúcida, superior à normal, excelente memória, grande poder de assimilação e presença de espírito. Apenas a instrução ficou em nível baixo, em relação àquelas faculdades.

Quanto à sua mediunidade, o médico, recusando qualquer crença no dogma espírita da comunicação com os mortos, acha:

– O caso, entretanto, merece estudo. E, se bem estudado, é provável que, mais dia menos dia, a psicanálise dê também sua explicação sobre o assunto. Há muito, nisso tudo, parece-me uma questão de sexo. Não seria demais falar-se também aí em histeria. Aliás, em todos os casos de mediunidade essa palavra cabe. Ademais, o "médium", sendo um descontínuo, apresentando nos dois estados alternados o normal e o anormal, apresenta-nos pois, além do primeiro, os fenômenos anormais do segundo. Ora, a ciência, que não deixa de lado outros fenômenos assim qualificados, não há de abandonar também os problemas ditos espíritas.

É apenas uma questão de confiar-se nela e na sua mais ampla penetração futura, no rumo de todos os horizontes.

A mensagem em inglês

A mensagem em inglês a que nos referimos foi apanhada na sessão de 23 de novembro de 1933.

Como estivesse presente o Dr. Rômulo Joviano, que conhece aquele idioma, o Espírito-guia anunciou uma mensagem que, embora destinada a todos, era de certo modo dirigida àquele presente. E o "médium" psicografou o seguinte:

"LLEWRUOYEH
TFOSDNEIRF
YNAMEVAHUO
YNEMEHTOTE
POHDNAHTUR
TEGRALYREV
YLURTSIESU
OHSREHTAFS
UORENEGRUO
SREHTORBYM

Meu amigos, boa saúde e paz. Penso que, se enfileirardes inversamente as minhas letras, elas vos revelarão o meu pensamento. Paz a todos nós. – Emmanuel."

As letras foram enfileiradas ao inverso e se obteve a seguinte mensagem:

"My brothers, our generous Father's House is truly very large.

Truth and hope to the men. You have many friends of the your well."

(1)Traduzindo-se:

"Meus irmãos, a Casa generosa de Nosso Pai é, em verdade, muito vasta.

Verdade e esperança aos homens.

Tendes muitos amigos do vosso Bem."

O erro e uma pergunta

Ficando com a mensagem em seu poder, o Sr. Rômulo Joviano deu logo com um erro, naquele "the" antes do "your".

Por isso resolveu, mais tarde, conforme já narramos, interpelar o Espírito-guia a respeito, compondo então estas perguntas também em inglês:

"We do not understand very well the last sentence. Ist it wel being? Why the article THE? Is it spring? Ist it only to complete the hundred words?"*

A resposta

A resposta dada por Emmanuel e grafada ainda em inglês pelo "médium" foi a seguinte:

"My dear and studious friends.

Good health and peace. Answering what you had asked me. I will Write my letter written the wrong side, word. My brothers: Our Generous Father, for word. House is truly very large. Truth and hope to the men. You have, many friends of the your well

You must to make an excuse at the mistake of my writing here are an english teacher. I am not master, bust, unable pupil. This work is very difficult and our idiom is the thought. There is needy understand the truth, you who are in the world. My friends, the death is not the naught. Why the life is everywhere, but your friend form the beyond, they are not able to come whatever. You may have besought at God T'is not arrived. Hope is good. Patience is a virtue prettier and better than gold.

My brothers, in the earth, generally, the foolish men are they, it is only the poverty five senses, but we have the apring from infinity.

---

* "Nao entendemos muito bem a última sentença. Está bem colocada? Por que o artigo THE? É para encompridar e então completar cem (100) palavras?" Evidentemente, houve um engano do sr. Joviano ao se referir a cem palavras, quando o texto mediúnico apresenta cem letras.

With God you will be happier and wiser. Here are the lessons. The key of the door from heaven is in the and of he peacemaker.

Believe to do well herself. I do not know anything to speak. Good by. – Emmanuel."*

A mensagem em italiano

A mensagem em italiano, recebida ainda naquele mês de fevereiro de 1933, é também de Emmanuel e grafada da mesma maneira curiosa que a precedente.

Ei-la:

Buona Salute. Mi allegro de potervi parlare, ma prima di tutto deggio ringrazziare a Dio, lasciandovi anche i miei sentimenti amichevoli tropo sinceri. Pernonnatemi si vi tengo come miel fideli amici. Mi chiamo Emmanuel, ma io non era figlio d'Italia. Sono vostro amico vecchio.

Bisognarebbero ció per sapere che siamo com voi? Perché i che giá

---

*Este texto apresenta alguns trechos que deixam dúvidas quanto ao sentido exato que Emmanuel tentou transmitir em inglês, podendo ter havido alguns enganos quando da cópia do original psicografado. Assim sendo, a tradução que se segue, em alguns tópicos, é mais uma interpretação do texto do que propriamente uma tradução:

"Meus queridos e estudiosos amigos. Boa saúde e paz. Respondendo o que me perguntastes, a respeito da minha mensagem em que as palavras foram todas escritas de trás para a frente, e na qual afirmei: 'Meus irmãos, a Casa generosa de nosso Pai é, em verdade, muito vasta. Verdade e esperança aos homens. Tendes muitos amigos do vosso Bem.'

Peço-vos desculpas pelos erros cometidos em minha escrita; há aqui um professor de inglês. Não sou mestre, mas aluno inábil. Este trabalho é muito difícil e nosso idioma é o pensamento. É preciso entenderdes a verdade, vós que estais no mundo. Meus amigos, a morte nada é. Porque há vida em todos os lugares, e seu amigo integra o Além com aqueles que não podem estar presentes. Deveis ter suplicado a Deus e ela não veio. É bom ter esperança. A paciência é uma virtude mais bela e melhor que o ouro.

Meus irmãos, na Terra geralmente os homens tolos têm apenas a pobreza dos cinco sentidos, mas nós temos a fonte do infinito.

Com Deus sereis mais felizes e mais sábios. Eis as lições. A chave da porta do Céu está em mãos do Pacificador.

Acredito que ela está bem. Não tenho nada mais para falar. Adeus.

Emmanuel."

(Notas do Organizador, com traduções realizadas gentilmente pela professora e tradutora Marina Leite Denardi, de Araras, SP.)

non siamo prigioneri della Terra, non bisognamo delle lique umane. Nosta lingua é il pensiero. Qualcheduno vi a detto che tale manifestazione spiritiche sono utile per condurre la credenza quelli di vostri fratelli i quali non credono ancora. Ma sono deluso. Colla prove stessa non ci crederebbero. Gl'uomini se sentono saggi colle piccoli cienzi o colle religioni dogmatiche.

Bisogno capire vostro doveri. Il laboro dello Francesco é fissato; voglio appena dimostrarvi che l'Immortalitá é la vertá; non teniamo colori o aggetivi per pingerla. Aspettate colla pacienza. Conservate in vostra anime fiori della speranza; per molti di vas tri fratelli l'orgoglio é tutto. A eglino viene la luce per lo camino delle grandi dolori. Sotto gli pianti sono le luci che rischiarono la su conocenza icordatevi che gli scolari i fancliulli ubbidiscono al loro precettore. Ieri cravte cattivi, oggi siete meggiori i dimani sarete buoni.

Adio, non dimentichiate vostri doveri giamai. Sai lode a Dio. Oggi come altrevolte vostro amico i fratello piccolo i povero. – Emmanuel.

Gl'esempli per le piu sono megiori delle parole."*

---

* Tradução:

"Boa saúde. Estou contente por poder falar com vocês, mas antes de tudo devo agradecer a Deus, deixando também os meus sentimentos amigáveis, muito sinceros. Desculpem se lhes considero como meus amigos fiéis. Chamo-me Emmanuel, mas não sou filho da Itália. Sou um velho amigo de vocês.

Precisaria disto para saberem que estamos com vocês? Porque, como já não somos mais prisioneiros da Terra, não precisamos da linguagem humana. Nossa língua é o pensamento. Alguém disse a vocês que tais manifestações espíritas são úteis para conduzir à crença os seus irmãos que ainda não creem. Mas me desiludi. Mesmo com uma prova, não acreditariam. Os homens se sentem sábios com a pequena ciência ou com religiões dogmáticas.

É preciso entender os seus deveres. O trabalho de Francisco (Cândido Xavier) foi determinado; quero somente demonstrar que a Imortalidade é a verdade; não precisamos de cores ou adjetivos para ilustrá-la. Esperem com paciência. Conservem nas suas almas as flores da esperança; para muitos dos seus irmãos o orgulho é tudo. Para eles chega a luz pelos caminhos das grandes dores. Atrás do pranto está a luz que clareia os seus conhecimentos. Lembrem-se de que os alunos e as crianças obedecem aos seus professores. Ontem vocês eram ruins, hoje são melhores e amanhã serão bons.

Adeus, não esqueçam jamais os seus deveres. Que Deus seja louvado. Hoje e sempre, seu amigo e irmão pequeno e pobre, Emmanuel.

Os exemplos, geralmente, são melhores do que palavras."

(Trabalho realizado gentilmente por amigos tradutores da Itália por intermédio das Casas Fraternais "O Nazareno", de Santo André, SP. – Nota do Organizador.)

Cercado de visitantes de Belo Horizonte, MG, Chico Xavier lê mensagens por ele psicografadas. Figuram, no grupo, o coronel Alípio Fróes e o major Benedicto de Mello Franco, da Polícia Mineira. (Copyright *Agência* O Globo)

14

"TUDO AÍ SE MISTURA E TODAS AS IDEIAS SE PROPAGAM SEM QUE SEJAM DEVIDAMENTE ESTUDADAS" – "A IMPLANTAÇÃO DE UM REGIME EXTREMISTA SERIA UM GRANDE ERRO QUE O SOFRIMENTO COLETIVO VIRIA CERTAMENTE EXPIAR"

"Para o estado atual do Brasil não se enquadra outro regime fora da democracia liberal!"

PEDRO LEOPOLDO, 14 (Especial para *O GLOBO* por Clementino de Alencar) – Numa das nossas últimas correspondências de abril, fizemos referência vaga a um "segredo", a um certo ponto deste nosso inquérito sobre o qual não desejamos, ou melhor, não podíamos ainda falar.

Esse "segredo" era apenas, no momento, uma intenção da reportagem: uma prova a que desejávamos chegar de improviso.

Por isso, daquela vez, ao pé da referência ao segredo, escrevíamos: "Calemos por enquanto".

Sucedeu, porém, que motivos imperiosos nos afastaram, por alguns dias, de Pedro Leopoldo e, assim, também por alguns dias mais devíamos calar.

Agora, de volta ao campo de nossas observações, conseguimos atingir, enfim, o ponto almejado.

O "segredo" não tinha mais razão de ser. Já não havia o que calar. A reportagem voltava a trilhar uma estrada sensacional e surpreendente.

O jornalista e o mistério

Tudo o que passaremos a expor poderá parecer nada – empregando o "natural" com o sentido de exprimir o "que segue a ordem regular dos fatos" – aos adeptos e iniciados na doutrina, mas não àqueles que ainda encaram com dúvidas o dogma da comunicação com o Além. E foi por isso que usamos acima a imagem da "estrada sensacional e surpreendente".

Agora, trilhemo-la.

A intenção

Desde que entráramos em contato com o "médium" de Pedro Leopoldo e também na apreciação de seu vasto arquivo de mensagens atribuídas a escritores, pensadores e poetas mortos, uma intenção se fora sorrateiramente insinuando no ânimo do jornalista: a ideia de participar também dessas comunicações sensacionais, não simplesmente como um observador, mas com um gesto mais decidido de indagação e de pesquisa. Se nós vivemos a levantar, diante dos "vivos" – tão imperfeitos, frágeis e defeituosos – as nossas perguntas que poderão parecer impertinentes, mas pelas quais costumam falar e indagar as ansiedades, os desejos, as desconfianças das coletividades, seria acaso demais que nos lembrássemos de levar também – a esse mundo de lá dos "planos intangíveis", de onde ainda nos chegam o canto dos poetas e a advertência dos pensadores – as indagações das nossas incertezas e ansiedades?

Pareceu-nos que não seria demais esse apelo às luzes do Além. E firmou-se em nós a intenção. Dir-se-ia que o hábito da entrevista, como um "tic" irremediável da profissão, ressurgia mesmo ali, diante do grande enigma sobre o qual se escancaravam nossos olhos humanos. A intenção, através do processo cerebral inevitável, concretizou-se na vontade. E as perguntas ficaram armadas sob a expectativa muda dos nossos lábios.

Precipitam-se os acontecimentos

Foi ontem à noite. Reencontramos, à mesa do Hotel Diniz, o Sr. Washington Floriano de Albuquerque, promotor público da comarca, e a quem já fizemos referência em correspondências anteriores.

O distinto magistrado, bela mentalidade aberta a todos os estudos e pesquisas, acompanha-nos mais uma vez numa palestra em torno do caso Chico Xavier. Findo o jantar, saímos juntos, sustentando ainda a palestra.

O repórter, a certa altura, comunica-lhe sua intenção, ou melhor, já agora sua vontade.

O espírito de observação e pesquisa do magistrado e do estudioso deixa-se seduzir pela ideia de uma consulta aos "Amigos do Espaço". E resolvemos procurar José Cândido para sabermos a viabilidade de uma consulta daquela ordem.

A dificuldade

Encontramos, na sua humildade de trabalhador, o mesmo José Cândido, amável e acolhedor de sempre. Enquanto ali encetamos com ele a palestra, chega Chico Xavier, trazido por imprevista circunstância. O "médium" acaba de despedir-se de algumas visitas que recebera, ao anoitecer, vindas de Belo Horizonte. Vinha provavelmente comunicar o fato ao irmão. Dando conosco, entra na conversa. E foi então que expusemos a nossa intenção de consulta ao José Cândido: não uma dessas chamadas "consultas médicas", mas uma indagação qualquer apanhada no ambiente. Não nos é feita restrição quanto à viabilidade. Unicamente, diz-nos José Cândido, aquilo só poderia ter lugar na quarta-feira, o único dia agora reservado às sessões, e assim fixado por determinação dos próprios Espíritos-protetores do "médium".

Um motivo, porém, leva-nos à ligeira resistência. Talvez o Sr. Washington Floriano não possa ficar aqui até quarta-feira próxima. Mas isso não demove José Cândido. As sessões só poderão ter lugar nas quartas-feiras. Os "Amigos do Espaço" não podem ser desobedecidos.

A amável possibilidade

Enquanto assim falávamos, Chico Xavier, do outro lado da mesa, silenciava; e havia uma expressão vagamente triste no seu rosto. Num relance, vem ao repórter a impressão nítida de que aquela alma boa, sensível e humilde se desgostava um pouco com a necessidade daquela resistência imposta, pelos imperativos citados, às nossas solicitações humanas.

Talvez lhe ocorresse, naquele momento, por maravilhosa intuição, a palavra de Jesus:

– Bate que a porta se abrirá.

Ali viéramos nós bater.

Sua tristeza como que se acentuou. E, diante da impossibilidade surgida, baixamos os olhos no silêncio.

Parecia-nos, até certo ponto, explicável a dificuldade; nenhum dos três visitantes, o jornalista, o promotor e o fotógrafo, era propriamente um adepto, um crente, um doutrinado. Não poderíamos por certo negar que houvesse, no fundo de nossa atitude, um sutil reflexo dos eternos anseios da alma humana. Mas o que nos movia também era uma intenção de pesquisa, de constatação mais convincente, aquilo que poderíamos chamar a busca, não isenta de leve malícia, das evidências.

E foi no meio dessa meditação que nos surpreendeu a voz do "médium".

– Emmanuel atende...

A porta abre-se

Por um instante, o nosso silêncio ainda se apoia num certo pasmo. Emmanuel atende... O guia, o Espírito protetor do "médium", abre-nos, pois, uma concessão?

Enfim, a porta abrira-se.

Tudo foi tão imprevisto que, em verdade, ainda nem tínhamos preparado as nossas perguntas. Apenas, meia hora antes, ao sairmos do hotel, havíamos grafado um rascunho de indagações gerais com que pretendíamos compor as perguntas. Mas não se podia hesitar.

José Cândido ocupou rapidamente o lugar ao lado do "médium". Pediu que fizéssemos a nossa consulta. O promotor Albuquerque fez um sinal ao jornalista. Este tirou do bolso uma das páginas rascunhadas.

A pergunta

Na folha quase amarrotada lemos isto, numa das perguntas que grafáramos às pressas para ulterior escolha:

– Que possibilidades existem e que vantagens ou desvantagens adviriam da implantação de um regime extremista no Brasil?

Estendemos o papel a José Cândido, que o põe, por sua vez, diante do "médium", já em transe.

Fornecemos, ao mesmo tempo, nosso próprio bloco de papel e lápis para a grafia da mensagem que porventura viesse, pois não houvera nenhuma preparação para isso.

A seguir, José Cândido pediu que nos concentrássemos numa prece ao Senhor e ao Espírito dos nossos mortos bem-amados.

A resposta

Nem um minuto chegou a passar e ouvimos o ruído característico do deslizar do lápis sobre o papel. Iniciava-se a grafia da mensagem, rapidamente, como de costume. Ainda uns doze ou quinze minutos de concentração, e o lápis estacou ao fim de uma assinatura.

Imobilidade.

José Cândido pediu que o acompanhemos agora em sua oração. Finda esta, estão findos os trabalhos.

A mensagem que recebêramos, em resposta àquela nossa pergunta, foi a seguinte:

"Amigos, que Deus ilumine o vosso entendimento.

Avesso à política, sentir-me-ia mais à vontade se fosse inquerido acerca do Evangelho. Todavia, opiniões são coisas que pouco se custa a fornecer; contudo, os meus pareceres são igualmente pessoais, como os vossos, sem o caráter da infalibilidade.

As mais extravagantes teorias políticas têm sido veiculadas no Brasil, cujo povo, guardando tradições de raças diversas, ainda se encontra longe da linha decisiva de sua evolução racial. Tudo aí se mistura e todas as ideias se propagam sem que sejam devidamente estudadas, ponderadas no cadinho da análise mais rigorosa. A implantação de um regime extremista seria um grande erro que o sofrimento coletivo viria certamente expiar.

De um lado, prevalecem as doutrinas dos governos fortes, como a política do "sigma" copiando o fascismo em suas bases; da outra margem, encontra-se o comunismo, inadaptável ainda à existência da nacionalidade, levando-se em conta o problema da necessidade de braços para o trabalho em uma terra vastíssima à espera das iniciativas e cometimentos de progresso preciso. É verdade que a Rússia atual fornece exemplos ao mundo inteiro, porém os homens que inauguraram violentamente os seus novos regimes não se fizeram de um dia para outro. Eles representavam muitos séculos de opressão, de martírios, de tormentos nefandos. Não saíram do proletariado que se compraz na incultura, mas da energia coordenadora que busca conciliar o labor operário com o trabalho intelectual das academias. O Brasil necessita, antes de tudo, combater o magno problema do analfabetismo. É necessário que se solucione o enigma pedagógico que implica toda essa mocidade sem entusiasmo e sem energia para estudo; para o estado atual, não se enquadra outro regime fora da democracia liberal, até que o povo se eduque convenientemente para as grandes iniciativas do porvir. Fora disso é a ilusão portadora dos desenganos trágicos que empobrecem a economia e roubam a paz social. Infelizmente, a ambição, o personalismo, infestam os bastidores da política brasileira, eminentemente prejudicada pela sua visão mesquinha, concernente aos problemas da coletividade. Mas o que quereis? O trabalho é dos homens, e a eles compete a realização do progresso necessário. Longe do cenário do mundo, não nos é lícito influenciar sobre questões distantes da nossa esfera de ação.

A nossa atividade unicamente se circunscreve ao esclarecimento das almas, pugnando para que as construções da crença sejam novamente reedificadas no templo dos corações humanos, trabalhados pelas concepções amargosas e destruidoras do negativismo. Para atingirmos semelhante desiderato, só no Evangelho buscamos os nossos programas de ação. O nosso labor intenso é todo realizado com esse objetivo.

Que os homens resolvam de entendimento posto no código da perfeição, legado à Terra por Jesus, e estarão de acordo com a evolução que deve presidir todas as manifestações das nossas atividades nos setores do trabalho humano. A Deus elevemos, assim, os nossos votos humildes, para que os governantes do Brasil se acautelem com a infiltração de ideias contrárias ao bem-estar social e em desacordo com a sua vida de nacionalidade nova e apta a desempenhar um papel muito preponderante no seio da humanidade.

Emmanuel."

Estava conseguida a primeira entrevista com o Além.

15

"O MAIS EXTRAORDINÁRIO MÉDIUM PSICOGRÁFICO DO BRASIL!" – CHICO XAVIER, O HOMEM INSENSÍVEL AO OURO – HÁ ESPÍRITOS-MONSTROS! – OS HABITANTES DA "LINHA NEGRA" – OPINIÕES DO PROFESSOR TÃO JÚNIOR – PRESCIÊNCIA, SUBCONSCIÊNCIA... – BATEM À PORTA!

Um minuto emocionante da Reportagem de
" O GLOBO" em Pedro Leopoldo

PEDRO LEOPOLDO, 14 (Especial para o *O GLOBO*, por Clementino de Alencar) – Apesar de sua esquivança e humildade, várias visitas tem Chico Xavier recebido nestes três últimos dias.

Em uma de nossas passagens por sua casa, fomos encontrá-lo rodeado de espíritas e admiradores seus vindos de Sete Lagoas.

Entramos. Apresentações.

Os visitantes eram os Srs. Antônio Lima, escritor e jornalista, espírita de velhas e fervorosas convicções, estudioso da doutrina e autor de várias obras espíritas, entre as quais "O coração de Jesus" e "Cruzada redentora", esta última uma série de romances aproveitando a ideia reencarnacionista; José Cândido de Andrade, presidente do Centro Espírita Bittencourt Sampaio, de Sete Lagoas, e Antônio Viçoso Gerken, secretário do mesmo Centro.

Chico Xavier centraliza as atenções e referências, e dele diz, a certa altura, o Sr. Antônio Lima:

– Eu, com os meus 36 anos de doutrina, acho que este rapaz é o "médium" psicográfico mais extraordinário que temos tido no Brasil. E não só por suas faculdades realmente notáveis, como também pela simplicidade e pureza de sua vida, seu desapego às seduções terrenas.

Estão presentes também algumas pessoas de Pedro Leopoldo, e os comentários insistem, então, sobre essa feição tão característica do jovem "médium": sua humildade, seu desapego aos bens materiais. Relembram-se, a propósito, os oferecimentos que ele tem tido de melhores colocações fora daqui; e ainda sua atitude no caso da edição do "Parnaso de Além-Túmulo". Chico recusou toda e qualquer participação nos lucros da edição desse volume.

Ao que ele observa:

– De uma coisa os meus amigos poderão estar certos: nunca procurarei tirar qualquer proveito monetário de minhas faculdades.

Se a mediunidade é uma missão, ele se declara disposto a cumpri-la sem visar qualquer interesse material.

Nesse rumo, a palestra colhe alguns casos de médiuns notáveis que temos tido no Brasil, os quais, cedendo com o tempo aos maus conselheiros – alguns homens e todas as ambições – degeneraram para a mais franca obcecação, ou para o charlatanismo, tornando-se elementos condenados pelos espíritas.

Chico Xavier, porém, tem sido um exemplo confortador. Nele confiam os espíritas da sua terra.

Um monstro e um susto

A palestra borboleteia a seguir sobre fatos e aspectos da mediunidade. Uma coisa que preocupou Chico Xavier, há tempos, foi o aparecimento, em seus sonhos, de formas monstruosas daqueles que, embora se dissessem Espíritos, assustavam-no.

A explicação vem-lhe assim: "Essas figuras monstruosas são Espíritos inferiores e a forma que assumem, dentro de uma espécie de "magnetismo espiritual", é a "forma" dos seus pensamentos.

A "linha negra"

A esse respeito, observa-se o quanto é difícil obter a comunicação com Espíritos elevados, com a elite do Além, que é ainda relativamente diminuta em comparação com as legiões infindáveis dos Espíritos inferiores, as hordas da "linha negra", responsáveis por malefícios sem conta dentre os que se verificam entre os homens.

O Sr. José de Andrade tem até esta tirada de humor:

– Noventa e nove por cento dos Espíritos ainda são da nossa "marca". Não são grande coisa. Resta um centésimo, ou talvez menos, para constituir a elite. Daí a dificuldade em conseguir-se apanhar, nas comunicações, um Espírito adiantado...

E daí também, concluem os da roda, o valor que, para a doutrina, assume o "médium" capaz de receber esses selecionados do espaço, considerando-se que, para as boas comunicações, necessário se torna a mais perfeita sintonização de vibrações espirituais, a maior homogeneidade de pensamentos, entre o aparelho – o médium – e o Espírito. Para receber maus Espíritos, não faltam aparelhos...

Unicamente, nesse último caso, em vez de belas mensagens do Além, o resultado é muito outro: desastres, suicídios, maldades, loucura.

Para os crentes da doutrina, decorre também daí o imperativo: elevar o mais possível o coração e o pensamento.

Outras visitas

Nessa mesma noite, Chico Xavier recebeu ainda outras visitas de Belo Horizonte: o coronel Anísio Fróes e o major Benedicto de Mello Franco, da Força Pública Mineira; os Srs. Augusto de Menezes, funcionário da Secretaria da Viação e obras Públicas do Estado; Jayme Nunes, Antônio de Assis e algumas senhoras.

Na mesma ocasião, ali esteve o professor Tão Júnior, católico, mas que nos dá, às vezes, a impressão de ser livre pensador.

Iniciados ambos na filosofia e no estudo da Sagrada Escritura, o professor e o coronel Anísio são os dois interlocutores mais constantes, mas em choque.

A presciência do professor Tão Júnior

A discussão assume, por vezes, grande palpitação. E o professor Tão Júnior, que se nega a admitir a hipótese espírita no caso Chico Xavier, localizando no subconsciente a origem do fenômeno, cai, entretanto, por vezes na citação de casos diante dos quais se confessa perplexo. Este, por exemplo, passado com ele mesmo:

– Eu era escrivão do crime em Sete Lagoas, isso há anos. Um dia, ao regressar à minha residência, deteve-se meu olhar em certo prédio fechado. E coisa estranha é que não tinha ligação com nenhum fato de meu conhecimento ou pensamento, nem anterior, fosse recente ou remoto: veio-me o pressentimento de que, naquele prédio, ia ocorrer um crime de morte.

Entrando em casa, pouco depois, encontrei a nossa criada no corredor e, ainda preocupado, na falta de outro interlocutor, comuniquei-lhe, de passagem, o meu mau pressentimento. A empregada, para minha maior surpresa, admitiu como possível o crime: na casa citada residiu um casal que "não se dava bem". Uma vez, a desavença foi mais forte; o marido retirara-se da cidade. Naquela manhã, entretanto, a minha empregada, ao que me disse então, vira o marido, que voltara repentinamente, rondar a casa onde ficara residindo a mulher.

Assim informado, dirigi-me ao delegado de polícia, para pô-lo de sobreaviso.

Encurtaremos a história do professor, dando o desenlace: o crime foi de fato cometido.

A aura

Contada a história, o adepto da subconsciência confessa a sua perplexidade, ao que o coronel Anísio acode, com a explicação espírita: nossas intenções gravam-se na aura, espécie de registro das nossas vontades. E os Espíritos têm o poder de ler nessa página recôndita. A vontade de matar gravara-se na aura do homem que rondava a casa. Um Espírito evoluído lera ali e fizera ao professor a revelação.

O professor sorri e diz alguma coisa em latim; está ainda contra a hipótese espírita, e justifica sua relutância por ter sido, diz, educado na escola da verdade.

Mas o coronel Anísio vale-se também de um latim filosófico para levar o professor a esta conclusão:

– Ninguém pode dar o que não tem.

É uma de suas conclusões sobre o caso "Chico Xavier", no que se refere à instrução deste.

E o debate prossegue.

Uma batida à porta

Neste momento, aqui, da mesa onde escrevemos, ouvimos bater à porta. Alguém chama o repórter. Há algo de extraordinário para a reportagem, lá fora. São mais de 23 horas, e de uma noite fria...

16

DOIS MÉDICOS PROCURAM PÔR À PROVA O "MÉDIUM" DE PEDRO LEOPOLDO

Um teste inesperado – "O diabetes é moléstia microbiana?" – Uma hora e meia para a resposta – "Os homens, através do sofrimento, adquirirão a experiência que os conduzirá à regeneração da saúde" – diz o guia de Chico Xavier

PEDRO LEOPOLDO, 14 (Especial para *O GLOBO*, por Clementino de Alencar) – Ao encerrarmos a última correspondência, dizíamos que alguma coisa solicitava lá fora a presença do repórter. E usamos ainda a palavra "extraordinário".

Realmente, o que iríamos constatar era sim extraordinário, mas sem o sensacionalismo ruidoso das coisas propriamente terrenas.

Era um "extraordinário" sereno, silencioso, como tudo que vimos observando dentro da esfera do caso Chico Xavier.

Mais um teste

Relembremos.

Ontem à noite, pouco depois das 20 horas, quando nos recolhíamos ao hotel, encontramos, num automóvel, o Dr. Maurício de Azevedo, acompanhado de dois médicos chegados de fora havia pouco, no mesmo carro, e aqui trazidos por esta intenção, segundo logo depois sabíamos: fazer uma consulta, ou antes, uma simples pergunta ao "médium".

Trocamos cumprimentos com o Dr. Maurício e este, depois de nos apresentar aos médicos que o acompanhavam, faz-nos um pedido:

– Aqui o Dr. Márcio, ouvindo o que se conta de Chico Xavier, teve a curiosidade despertada pelo caso e, como não seja um crente da doutrina espírita, mostrou o desejo de fazer ao "médium" uma pergunta em torno de uma questão médica, na conjetura, logo se vê, de que o rapaz procure colher para a mesma uma resposta de seus guias e protetores, do mundo do Astral em suma, com o qual diz comunicar-se assiduamente. Levei-o, por isso, ainda agora lá, ao Chico Xavier.

E a rápida explicação do Dr. Maurício ainda nos diz que, no momento, por circunstâncias várias, o seu trabalho, etc., não pudera o caixeirinho de Seu Zé Felizardo tentar a comunicação com o Além.

O médico, porém, precisava prosseguir viagem, no automóvel, para Sete Lagoas. Não poderia aguardar o transe.

A pergunta, escrita então ao alto de uma folha em branco, fora entregue ao Chico Xavier, cerca das 20 horas, isto é, minutos antes do nosso encontro. O "médium" prometera que se recolheria, o mais breve possível, à casa e, pela concentração, procuraria comunicar-se com o Além e apresentar a pergunta.

O Dr. Maurício pedia, então, ao repórter que procurasse receber a mensagem das mãos do "médium" logo que este a recebesse a fim de se poder fixar o tempo decorrido entre a pergunta e a resposta.

Pois, não!

Encontramos o "médium" uns quarenta minutos depois, quando, findas suas ocupações, ele se recolhia à casa; e lhe expusemos o pedido que nos fora feito.

– Pois não! – acudiu ele. – Vou agora tratar disso. Logo que tenha a comunicação, irei entregá-la ao senhor.

Pouco mais de hora e meia

Cerca de 22h30, isto é, pouco mais de hora e meia, depois de o havermos deixado, Chico Xavier nos procurava no hotel. Trazia a resposta à pergunta do médico.

Como todos no hotel já estivessem recolhidos, descemos com ele até ao clube, onde pedimos a uma pessoa idônea o seu testemunho para o que teríamos de afirmar depois: que Chico Xavier nos entregara a mensagem àquela hora.

A consulta sobre o diabetes

A pergunta feita pelo médico citado era a seguinte:

– O diabetes é moléstia microbiana? Em caso contrário, esclarecer as causas possíveis da moléstia.

Essa consulta, logo se compreende, fora feita pelo médico, unicamente como uma espécie de teste.

A resposta do Além

A resposta psicografada por Chico Xavier é a seguinte:

"O diabetes ainda não se encontra bem definido pela ciência, que o tem considerado como derivação do enfraquecimento orgânico. Síndrome assinalada pela irregularidade da combinação dos hidratos de carbono, trazendo ao sangue o excesso de matérias açucaradas, os menores abalos do aparelho glicorregulador podem produzi-lo, como sejam as alterações do funcionamento da glândula abdominal, as afecções do fígado ou da hipófise, ocasionando a ausência do equilíbrio endocrínico.*

Todas as moléstias têm o seu ascendente nos fatores de ordem microbiana e, paulatinamente, a ciência conseguirá intensificar o trabalho de que Pasteur foi expoente dos mais dignos, estudando a complexidade dos organismos unicelulares e criando as substâncias microbicidas, isto, porém, na medida de sua espiritualização.

Em grande parte, deve o diabetes a sua causa aos vícios da alimentação e poderá ser curável quando os doentes de dispuserem a prescindir de todos os elementos da carne, entregando-se, embora com sacrifício, ao regime dos legumes, exclusivamente à alimentação natural, porque a insulina, apesar de aconselhável como proporcionadora de bons resultados, não basta para que a melhora se efetue largamente no tratamento do enfermo. Exija-se deste paciência e perseverança.

Aos poucos, os homens, através do sofrimento, adquirirão a experiência que os conduzirá à regeneração da saúde prejudicada, desde tempos imemoriais, pelos seus vícios e desvios, adquiridos em grande parte dos seus ancestrais.

Emmanuel."

---

* Neste parágrafo, trocando a palavra combinação (dos hidratos de carbono) por "combustão", e definindo qual é a glândula abdominal com alterações do funcionamento: pâncreas, torna-se o pensamento do Autor Espiritual mais completo. (Nota do Org.)

Uma observação

Temos procurado, desde o início, indicar, nesta reportagem, todas as circunstâncias que rodeiam Chico Xavier, no exercício de suas faculdades mediúnicas.

Dentro desse espírito de fidelidade ao observado, tomaremos a liberdade de destacar este detalhe:

Os dois médicos de Pedro Leopoldo estão acima de qualquer suspeita. Para aqueles, porém, que, residentes longe daqui, não conheçam os dois distintos clínicos, observaremos o seguinte: nenhum deles se encontrava em Pedro Leopoldo na noite de ontem.

Uma série de perguntas para hoje

Agora, encerremos a reportagem de hoje e preparemo-nos para a sessão de logo à noite, durante a qual pretendemos fazer ao médium uma série de perguntas interessantes.

17

Como em Delfos, a voz dos oráculos alvoroça Pedro Leopoldo

PEDRO LEOPOLDO, 16 (Especial para *O GLOBO*, por Clementino de Alencar) – A segunda sessão espírita a que iríamos assistir, ontem à noite, na casa de José Xavier, assumia, tanto para a reportagem como para a curiosidade pública, uma significação ainda mais fascinante, mais empolgante do que a anterior, e isso, por esta razão muito simples e muito extraordinária a um tempo: divulgara-se, pela cidade, que para falarmos em linguagem puramente jornalística – o repórter, de certa forma, havia como que aberto, segundo expusemos em correspondência anterior, uma impressionante possibilidade de entrevistas com o Além... E isso viera desencadear, ainda com mais violência, a torrente da curiosidade.

O oráculo

– O jornalista fez a pergunta e Chico, zás, respondeu...

– Deveras?!...

– Depois, foi o médico...

Depois, o advogado. E lembra-se o caso do senhor de Sete Lagoas que, ainda há pouco tempo, preocupado com certos problemas de economia política, fizera ao "médium" em transe uma indagação mais ou menos nestes termos:

– A economia dirigida é um mal? – indagação essa que tivera pronta resposta.E assim vão o comentário e a surpresa popular esboçando, numa sistematização aliás justificada, a nova fase do caso Chico

Chico Xavier é entrevistado pelo repórter de O Globo *na presença de vários confrades. Seu irmão José Cândido, que presidia as reuniões públicas em sua própria residência, também comparece ao lado do repórter.* (Copyright *Agência* O Globo*).*

Xavier, e na qual o "médium" humílimo avulta, de improviso, como um sereno oráculo postado na encruzilhada inevitável das dúvidas e da fé, no ponto exato de confluência das indagações vindas da razão ou da crença incondicional.

Delfos assoma, de novo, ao horizonte, no rumo de Pedro Leopoldo.

A romaria espiritual

A expectativa era, pois, grande, e, desde cedo, já se tinha como certa a participação, na assistência, de gente de fora, vinda de Belo Horizonte e de Sete Lagoas.

Sondando a atmosfera, sentimos no ar claro em que a cidade se deixa embalar, bonita e saudável, uma aura sutil de mistério, a vaga palpitação – expectativa e ansiedade – de uma romaria espiritual que marchasse ao encontro das revelações.

A ronda das indagações

Com o andar das horas se vai delineando melhor a ronda das indagações que confluirão à noite, de certo, para a casinha pobre de José Cândido.

À notícia, agora mais repetida e confirmada, de que Chico Xavier recebe mensagens em línguas estrangeiras, não falta quem externe até o desejo de ver o "médium" poliglota escrever em árabe e em chinês.

Adianta-se, em outras rodas, que, alvoroçado com a entrevista sobre as possibilidades de implantação de um regime extremista no país, conseguida pelo repórter, o professor Tão Júnior pretende levar, ao esclarecimento das luzes do outro mundo, uma pergunta patriótica, a um grande vulto desaparecido, sobre o que de remediável e irremediável por ventura exista na atual situação brasileira...

Até um boato

Até um boato corre, veiculado por certo jornal de Belo Horizonte: um amante da boa música, ali residente, estaria disposto a vir a Pedro Leopoldo a fim de pedir a Schubert que este, por intermédio de Chico Xavier, concluísse a "Sinfonia Inacabada", agora que, na vida do Além – onde os espíritos não têm sexo – a condessinha de Esterhazy já deve estar de há muito liberta das homenagens tocantes do amor terreno.

Outra entrevista?

O repórter participa também da ronda curiosa. E, ao cair da noite, na mesa do Hotel Diniz, seus pensamentos se mostram fugidios para com o ambiente e a palestra. Parece que ele se debruça sobre o prato; mas, na verdade, sua atenção insistente cuida em colher, na pradaria imensa onde florescem as dúvidas e os enigmas, o ramo discreto com que ele deseja comparecer ante os emissários luminosos do Além.

Às vezes, as risadas estrugem, em redor, acesas pelo anedotário da região.

Fulaninha, ainda uma vez, comparece, na anedota do casamento:

"Fulaninha arranjara um marido, depois de espalhar, pela região, que possuía 20 bois, vinte porcos, etc., tudo na mesma conta, mas tudo também inexistente. Casada, partiu para o lar e a lua-de-mel, dizendo, do trem, com um aceno, aos que ficavam na estação:

– Boa viagem, feliz regresso!...

Fulaninha, entretanto, parece que estranhou um pouco a vida de casada. Tanto assim que, pouco depois, escrevia para as suas amigas:

– Que diferença da casa paternal para a casa maridal!...

Enquanto assim era relembrada a Fulaninha, no irrequieto papel que lhe tocara para a comédia humana, detinham-se nisto as nossas cogitações:

– Onde estará a Vida, na morte ou na vida?...

Uma série de perguntas

Pouco depois, no quarto, quinze minutos antes da sessão, debruçamo-nos, definitivamente, sobre o papel e sobre o mistério e traçamos estas quatro perguntas:

– Continua a alma a lutar pelo seu aperfeiçoamento, na vida do Além?

– Está o mundo subconsciente subordinado às funções corporais?

– Esclarecei-nos sobre o fenômeno do Sonho.

– Podereis elucidar-nos sobre os instintos e suas variedades?

Escrevemos cada pergunta numa página. Metemos no bolso as quatro folhas dobradas.

E partimos como o grego antigo no rumo de Delfos.

18

Chico Xavier psicografa, diante do repórter, a resposta a uma nova pergunta

Espiritualistas contra materialistas – "Não me fales da morte, ilustre Ulisses..." Pela escada maravilhosa da Prece – Todas as perguntas respondidas

Max, o "amigo do espaço", resume em vinte linhas um assunto vasto como a própria ciência!

PEDRO LEOPOLDO, 16 (Especial para *O GLOBO*, por Clementino de Alencar) – Concorridíssima também a segunda sessão espírita a que assistimos na casa de José Cândido. Quando ali chegamos, cerca das 20 horas, encontramos, além de numerosas pessoas de Pedro Leopoldo, várias outras de Belo Horizonte, entre as quais o coronel Anísio Fróes e o major Benedicto de Mello Franco, da Força Pública de Minas; e , de Sete Lagoas, entre outras os Srs. Francisco Teixeira, conhecido banqueiro; José Macedo, promotor; Geraldo Bhering, advogado; e José Affonso Vianna, médico.

Entre os presentes, de Pedro Leopoldo, vemos ali os Srs. Maurício Azevedo, coletor federal; Romero Carvalho Filho, farmacêutico e proprietário; Annibal Belizário, Theodoro Vianna, Leopoldo de Mello, José Vianna Braga, Fausto Joviano, e mais alguns negociantes, proprietários e funcionários.

Como da outra vez, estava a casa repleta, e, ainda como da outra vez, José Cândido, ativo e cordial, esforça-se por acomodar a assistência na exiguidade de sua residência pobre.

Quando chegamos, lá já estava Chico Xavier; e prepara-se rapidamente a mesa para a sessão a iniciar-se dentro de poucos minutos.

A queixa de Aquiles

Na sala, também oficina de seleiro, onde se agrupa, ainda, a maior parte da assistência, a palestra segue animada sobre o tema da hora e do local. Não se estabelecem propriamente discussões; de quando em quando, entretanto, as pontas afiadas do debate rasgam o estofo nobre das frases. E reacende-se ali, num lampejo rápido, para continuar a consumir depois, a velha contenda: materialistas contra espiritualistas, monistas contra dualistas, razão pura contra misticismo. A eterna porfia da devoção e da análise – paralelas espirituais que, sem dúvida, como linhas da teoria euclidiana, hão de se encontrar e confundir no infinito...

Não faz mal que seja a sala pequenina, apenas a modesta oficina de um seleiro do sertão. Não faz mal que estejamos, ali, tão distanciados, no tempo e no espaço, dos filósofos e de suas querelas. Kant e a sua crítica arrasadora; Hegel e o seu Deus-Ideia, potencial da realidade; Lotze, com a sua lógica; tudo está lá, para trás de Bergson, com quem já se pode admitir a existência de um Deus. Ao fim da rajada tremenda da análise e da crítica, alguma coisa ainda ficou de pé: – a dúvida que, para alguns, vai se diluindo nas convicções confortadoras; e, para outros, espraia-se definitivamente na negação. E agora ali, no meio da animação da sala exígua, quando os vivos se dirigem para o locutório de onde se escuta a palavra "silenciosa" da Morte, eis que nos ocorre, não saberíamos bem dizer por que estranha associação de ideias, a resposta da alma de Aquiles a Ulisses, na passagem famosa:

"– 'Quando eras tu vivo, Aquiles, nós te venerávamos como um deus; e, agora, tu comandas todos os mortos. Tal como aí estás, e ainda que morto, não te lamentes, Aquiles!' Eu falava assim e ele me respondeu: '– Não me fales da morte, ilustre Ulisses! Eu preferia ser o obreiro humilde que serve, por salário, do que comandar, na morte, aqueles que já não existem'."

Ponha as perguntas aqui

Apenas chegáramos, falamos ao José Cândido:

– Temos aqui algumas perguntas. Deverão ser elas apresentadas antes ou durante os trabalhos?

– Estão escritas?

– Sim.

– Então, por favor, cheguem até aqui.

E José Cândido leva-nos para a peça contígua onde se realizará a sessão.

A mesa ainda está vazia, sob a toalha branca.

Tiramos as perguntas do bolso e escolhemos, delas, duas apenas. Pareceu-nos que seria exagero apresentá-las todas.

Entregamos a José Cândido as duas folhas, que ele estende na cabeceira da mesa, no lugar de onde dirigirá os trabalhos. Nesse momento, Chico Xavier aproxima-se, já para ocupar a sua cadeira. Percebe, talvez, que estivéramos a escolher estas perguntas e, apontando para as duas folhas que ainda temos nas mãos, pergunta:

E essas?

– Ah! É que nós tínhamos composto várias perguntas. Pareceu-nos, porém, que seriam muitas para uma sessão.

– Não, não – acode ele, com seu sorriso sem malícia –, o senhor pode pôr essas também aí, na mesa, com as outras. Pediremos resposta para todas. Se vier, bem; se não, paciência... em todo caso, tenta-se, ué!...

E as quatro perguntas juntaram-se, na cabeceira da mesa, à espera da palavra do Além.

Iniciam-se os trabalhos

Ao mesmo tempo, José Cândido convida os assistentes a tomarem lugar no pequeno cômodo.

A mesa, ou melhor, a "corrente", está assim formada: José Cândido, Chico Xavier, coronel Anísio Fróes, Nelson Penna, Fausto Joviano, Nancy Penna e senhorita Carmosina Penna.

Em redor a assistência acomoda-se, em silêncio, e concentra-se na prece que José Cândido dirige aos "cimos resplandescentes" e, com que as almas daquele grupo de humílimos sofredores, prostram-se aos pés do Pai Misericordioso.

E a palavra humana, de ordinário tão pesada e rústica, assume como que a leveza e o esplendor de um sopro luminoso, naquela invocação de esperança e de fé. Estendida assim, no ar, a escada de Jacob da prece coletiva, ouvimos que por ela acima lança, José Cândido, as perguntas que fizéramos.

Depois, silêncio no ambiente. Mais se inclinam as cabeças, cerram os olhos, elevam as almas. Os homens aguardam, debruçados, a visita dos emissários luminosos das alturas insondáveis.

Um minuto talvez, e a mão do "médium" dá o primeiro sinal. Depois, entra a correr sobre o papel, com a rapidez habitual. Os "Amigos do Espaço" atenderam à nossa invocação. E, pela escada maravilhosa da prece, que não cessa mesmo sob as bocas mudas, descem agora as respostas que pedíramos.

Correndo, o lápis vence o campo virgem da folha branca, sob as próprias linhas da pergunta que grafáramos. Quando chega ao pé, José Cândido vira-a. Esgotado o espaço da outra página, o lápis volta ao alto da página já escrita, rápido sempre, ansioso quase como um pensamento que se não quer perder a si mesmo e busca a imagem imperecível das palavras. E é já sobre as linhas em que grafáramos a pergunta que vem cair esta assinatura: Max.

Em seguida, são respondidas, pelo mesmo Max, as demais perguntas.

Versos

O lápis estaca um momento. Alguém batera à porta, quebrando o silêncio.

Retardatários que chegam.

Agora, novas folhas virgens vão ser entregues ao "médium", para as mensagens espontâneas. José Cândido convida os assistentes a rubricarem as páginas; esses, porém, dispensam, cortesmente, a formalidade.

Reforça-se de novo a "corrente" e as comunicações se restabelecem.

O "médium" psicografa versos.

Virtuosismo

Sete ou oito páginas ficam logo cheias de estrofes.

Depois, o lápis, contrariando o processo normal da escrita, como que se rebela e começa a grafar da direita para a esquerda, como o fazem certos povos do oriente.

O que ele vai escrevendo apresenta-se inteiramente incompreensível para os assistentes. Há até um ligeiro sussurro de surpresa.

– Será árabe? – ouvimos que uma voz cicia a um ouvido, ao lado.

O lápis estava, por fim, no pé da página, no último traço de uma assinatura arrevesada.

O "médium" abandona-o então. A prece de encerramento ergue-se agora, como um novo sopro luminoso e suave. Estão concluídos os trabalhos.

E, ansiosamente, como da outra vez, a assistência põe-se a examinar a produção.

"A vossa ciência não conhece o homem integral"

As nossas perguntas, como dizíamos, tiveram todas a sua resposta.

A primeira que caiu sob o lápis do "médium" foi esta:

– Está o mundo subconsciente subordinado às funções corporais?

E a resposta foi assim psicografada ao pé da indagação:

– "O mundo subconsciente não se acha subordinado à função de nenhum órgão. Ele representa a súmula dos conhecimentos do ser, em suas existências passadas, consubstanciada na inteligência operosa e criadora. Ele é a câmara secreta onde todas as experiências se arquivam para emergirem em futuro próximo ou longínquo. A vossa ciência não conhece o homem integral, porquanto o esquecimento a que se acham submetidos os encarnados não deixa que se possa entrever a alma total. A subconsciência é o mundo da alma em sua existência extra-terrestre.

Podeis conceber isto ponderadamente. O aparelho respiratório existe no feto que dele se não serve, em virtude do meio não comportar o seu uso. Ele, porém, está latente no homem embrionário. Assim são as faculdades espirituais. Não aparecem na nossa vida comum, porquanto o ambiente atual ainda não as comporta, mas estão no seu estado latente para emergirem, futuramente, em toda a sua plenitude. – Max."

Bezerra de Menezes?

Enviaremos a seguir as outras respostas. Antes, porém, de encerrarmos a correspondência de hoje queremos assinalar ainda o seguinte:

Concluída a recepção das mensagens, comunicou-nos o "médium" ter ouvido de "Max" que este se chamara, em vida, Bezerra de Menezes.*

---

* Dr. Adolfo Bezerra de Menezes (1831-1900), grande vulto do Espiritismo brasileiro, com o pseudônimo de Max, escreveu no jornal *O Paiz,* do Rio de Janeiro – na época o periódico de maior tiragem do Brasil –, de 1887 a 1894, aos domingos, uma série de artigos sob a legenda "Espiritismo – Estudos Filosóficos", que foram enfeixados em livro, de três volumes com o mesmo título. (Nota do Org.)

19

A NOITE SENSACIONAL EM CASA DE JOSÉ CÂNDIDO – ONDE SE ENCONTRA KRISHNA-MURTI – O PROBLEMA DO PRESENTE – MONSTROS DE ONTEM, HOMENS DE AGORA – A LAPIDAÇÃO DO INSTINTO – SONO, SONHO, SONAMBULISMO

O humilde caixeiro de Pedro Leopoldo de novo escreve para este mundo a palavra de sabedoria do "país das sombras invisíveis"...

PEDRO LEOPOLDO, 16 (Especial para *O GLOBO*, por Clementino de Alencar) – Na reportagem que enviamos pela mala de hoje, incluímos já a resposta a uma das quatro perguntas apresentadas pelo repórter ao "médium", durante a sessão de ontem, à noite, na casa de José Cândido.

Enviaremos, agora, as respostas dadas às outras três perguntas, que eram as seguintes, conforme dissemos já em correspondência anterior:

" – Continua a alma a lutar pelo seu aperfeiçoamento, na vida do Além?"

" – Podereis elucidar-nos sobre os instintos e suas variedades?"

" – Esclarecei-nos sobre o fenômeno do Sonho."

Relembrando

A fim de poupar aqueles que estejam porventura acompanhando

a nossa reportagem do trabalho de reler nossa correspondência anterior, relembraremos, em poucas palavras: que as referidas perguntas foram compostas, pelo repórter, quinze minutos antes do início da sessão, isto é, no momento em que ele deixava o hotel, rumo à casa de José Cândido; que foram elas depositadas na mesa cerca de cinco minutos antes daquele início; que as respostas foram escritas com a rapidez peculiar ao "médium", cerca de um minuto depois da prece de abertura da sessão, podendo, pois, ser calculado em dez minutos, no máximo, o tempo decorrido entre a apresentação das perguntas e a resposta.

Entrevista...

Jornalisticamente falando, o caso apresenta-se com característicos de uma autêntica entrevista. O interlocutor a quem nos dirigíamos era, sem dúvida, uma incógnita. Isso, porém, não importa, desde que se verificou esta realidade: fizemos as perguntas com declarada intenção jornalística, e as respostas vieram quase que instantaneamente

Por isso mesmo, parece-nos que não seria demais se considerássemos esta a nossa segunda entrevista com o "mundo das sombras invisíveis"...

A vida é, para a alma, o eterno presente

Expostas, atrás, as circunstâncias em que foram apresentadas as consultas, figuremos agora numa situação de entrevista, para que o episódio ganhe todo o colorido que bem merece, na sua expressão sensacional.

Indagara, pois, o repórter:

– Continua a alma a lutar pelo seu aperfeiçoamento na vida do Além?

E o lápis do "médium" grafou:

"– O Espírito luta em todos os planos da existência e a vida é o seu eterno presente. Seus labores não cessam em nenhuma hipótese e é pelo trabalho que busca o galardão supremo da perfectibilidade. A existência na Terra, com o seu olvido, representa, quase, para os seres libertos, um tenebroso pesadelo que a morte vem desfazer. No Além, reconhece-se a grandeza de realidades insofismáveis e, com mais fervor, entrega-se o ser ao seu aprendizado e à sua tarefa. Não obstante a ausência da fadiga, a alma trabalha sempre, e o que se verifica entre os encarnados e desencarnados é a existência de leis físicas cuja complexidade não podeis ainda apreender em virtude da exiguidade das vossas percepções. – Max."

Onde reencontramos um pouco de Krishnamurti

Numa de suas conferências ditas à noite, no estádio do Fluminense, ouvíramos, ainda há pouco tempo, de Krishnamurti, sobre o tema da reencarnação e da imortalidade, uma série de conceitos que se poderiam resumir nesta expressão:

– A imortalidade é o presente.

E parece-nos perfeita a justaposição dos dois conceitos: o do pensador hindu e este que o "médium" grafara na resposta acima, referindo-se ao Espírito:

– "... a vida é o seu eterno presente".

Presente, eternidade... A vida não cessa nunca...

Os monstros de outras eras e os instintos de hoje

A entrevista prossegue. Mais uma pergunta:

– Podereis elucidar-nos sobre os instintos e suas variedades?

Reconhecemos que o tema é por demais amplo para um detalhe de entrevista. O lápis do "médium", porém, não hesita; e a resposta vem, em síntese elegante, nesta espécie de parábola:

"– Essa questão implica um extenso e complicado problema em sua grandiosa transcendência. Os instintos representam os embriões das faculdades superiores do Espírito. Regressai espiritualmente às épocas primárias da evolução geológica do planeta e encontrareis animais monstruosos e cenários de fábula. Mas os séculos vão retocando as animalidades grosseiras, lapidando-as no cadinho dos trabalhos, das lutas, dos sofrimentos e, na atualidade, reconheceis o orbe povoado pelas mais portentosas civilizações. Toda a grandiosidade do vosso progresso, em todos os setores da atividade humana, representa a evolução lenta dos instintos, os quais, transformados na inteligência civilizadora, são, hoje, os motivos do vosso poder e dos vossos surtos evolutivos. – Max".

O sonho e sua ascendência fisiológica

Está, por fim, diante do "médium", a nossa terceira indagação:

– Esclarecei-nos sobre o fenômeno do sonho.

" – Em sua generalidade – grafa imediatamente o "médium" –, os sonhos representam somente o reflexo de sensações fisiológicas. Contudo, isso não é a regra geral. No sono, como no sonambulismo, nas hipnoses profundas, pode a alma exteriorizar-se mais intensamente, no seu desprendimento temporário, e ouvir e ver quantos a ela se acham ligados pelos elos afetivos no Além, ocorrendo desta forma as predições, como se o dom divinatório fosse faculdade inerente a certos organismos. Convém, todavia, estudar os sonhos, escoimando desses fatos todo o caráter fantasista, porquanto, em regra geral, encontramos constantemente a sua ascendência fisiológica. – Max."

Bilac e Augusto dos Anjos

Estava concluída a entrevista. O lápis do "médium", porém, não cessou de correr sobre o papel. E foram assim grafados ainda dois sonetos de Bilac, um de Augusto dos Anjos, alguns versos de João de Deus e duas mensagens, uma de Martha e outra de Emmanuel, esta em inglês.

A sensação da noite

Sem esquecer a sensação causada pelas respostas prontas e bonitas dadas por "Max" às perguntas do repórter, pode-se, entretanto, considerar que o "Lit", o sucesso da noite, foi a mensagem de Emmanuel, em inglês. Ocupa apenas uma página, mas foi grafada de tal forma, numa inversão total do processo normal de escrita, que só com o auxílio de um espelho ou contra a luz se a consegue ler.

Dessa página, na qual se nos manifesta como que um estranho virtuosismo em matéria de comunicações com o Além, ocupar-nos-emos a seguir.

20

Grande sensação produzida por uma estranha mensagem

"O conhecimento dos homens é nulo diante da morte"

PEDRO LEOPOLDO, 17 (Especial para *O GLOBO*, por Clementino de Alencar) – Em correspondência anterior, apresentamos já cópia de duas mensagens, uma em inglês e outra em italiano, psicografadas por Chico Xavier de forma tal que os originais só podiam ser lidos com o auxílio de um espelho ou contra a luz.

Não pudéramos, conforme dissemos, obter esses originais que se encontram em mãos de pessoa atualmente fora de Pedro Leopoldo. As cópias, todavia, foram-nos entregues por pessoa idônea, o que nos fez, desde logo, confiar na veracidade do que nos era afirmado a respeito. Isso, entretanto, não impedia que mantivéssemos acesa a curiosidade de ver Chico Xavier num desses rasgos de virtuosismo gráfico.

Pois nossa curiosidade, sem que se manifestasse por palavras, foi satisfeita na sessão do dia 15, da qual já nos ocupamos nas duas últimas correspondências.

Teriam os Amigos do Espaço lido, em nosso aura, aquele desejo, como querem os espíritas?

Dispensamo-nos de responder à nossa própria pergunta. Não nos saberíamos fazer...

A estranha mensagem

Foi quase ao fim da sessão, quando já grafara as respostas às

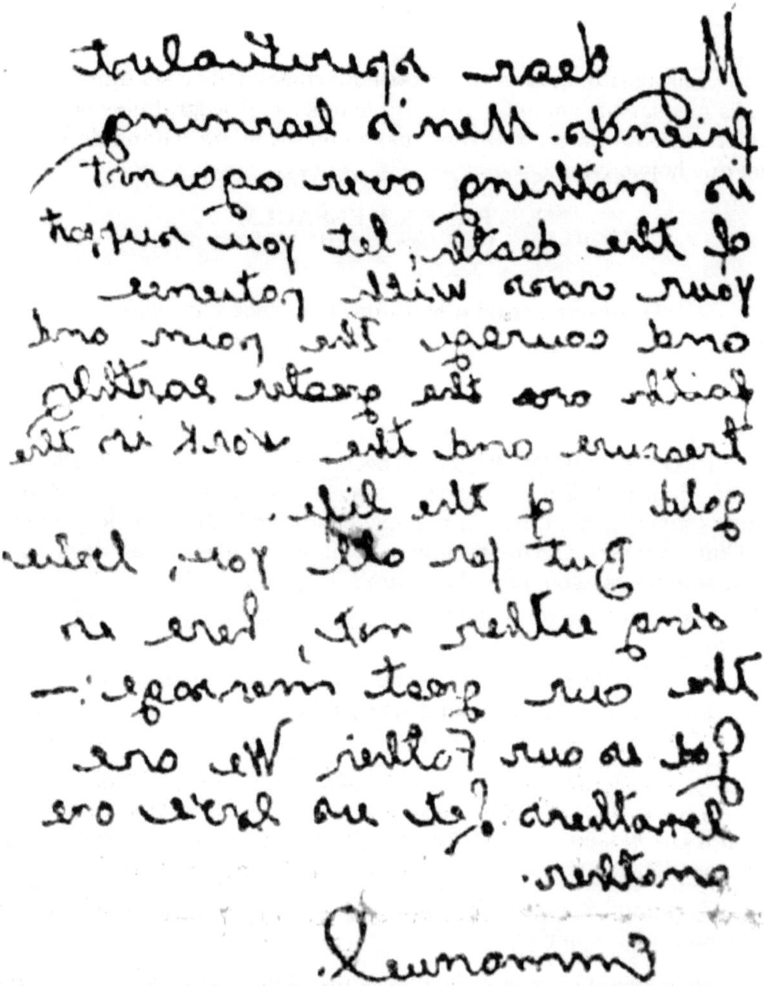

Mensagem de Emmanuel em inglês, psicografada por Chico Xavier, caracterizando dois fenômenos: o de xenoglossia, pois redigida em idioma desconhecido pelo médium; e da escrita invertida ou especular, que só permite a leitura com o auxílio de um espelho ou contra a luz.

indagações do repórter e os versos, que o "médium" entrou a escrever a estranha mensagem que alguns dos assistentes estavam já a admitir como árabe, quando foi ela decifrada...

Uma observação

A propósito, queremos deixar aqui consignado o seguinte: em geral, as mensagens em idiomas estrangeiros são psicografadas por Chico Xavier por esse processo inverso usado na grafia da página de Emmanuel que hoje enviamos.

"Aqui está a nossa grande mensagem"

Quinze linhas grafou o médium da direita para a esquerda, e a gravura que ilustra esta reportagem mostra a página tal qual foi ela composta.

Lendo-se a mensagem, com o auxílio de um espelho, tem-se:

"My dear spiritualist friends. Men's learning is nothing over against of the death; let you support your cross with patience and courage. The pain and faith are the greater earthly sure and the work is the gold of the life.

But for all you, believing either not, here is the our great message: God is our Father. We are brothers. Let us love one another. – Emmanuel."

Ainda o artigo "the"

Os que leram nossa correspondência datada de 12 do corrente inteiraram-se já do que ocorreu com a outra mensagem em inglês psicografada por Chico Xavier, na sessão de 23 de novembro de 1933.

Um dos presentes à citada reunião, conhecedor do idioma, observou, nas linhas então escritas, um erro no uso do artigo "the" antes do possessivo.

Emmanuel respondera a esse reparo do assistente com outra mensagem também em inglês, desculpando-se do erro com a justificativa – onde há até um certo humor "terreno" – de não ser ele, o Espírito, um professor de línguas, um mestre do idioma em apreço, mas, sim, um fraco discípulo.

Na mensagem que hoje enviamos, Emmanuel, aliás, coerente

com a alegação da outra vez, de certo modo a confirma ao insistir no uso do "the" antes do possessivo. Parece-nos também que ficaria mais elegante a expressão "the gold of the life", sem o segundo "the".

Quanto ao mais, apesar desses senões e de outros que os conhecedores do inglês observem na mensagem – e atribuídos, dentro da própria doutrina à deficiência do aparelho, o "médium", que nada sabe daquele idioma – é ela clara e simples. Traduzindo-a, teríamos:

"Meus caros amigos espiritualistas. O conhecimento dos homens é nulo em face da morte; suportai a vossa cruz com paciência e coragem. A dor e a fé são os maiores tesouros terrenos e o trabalho é o ouro da vida.

Para todos vós, entretanto, crentes ou não, aqui está a nossa grande mensagem: Deus é nosso Pai. Nós somos irmãos. Amemo-nos uns aos outros. Emmanuel."

Grande foi, como dizíamos, a sensação causada entre os assistentes por essa mensagem, não só pela maneira como foi ela grafada, mas pelo fato de estar naquele idioma: em Pedro Leopoldo, todos sabem que Chico Xavier nunca teve mestre de inglês, nem consta, a quem quer que seja, ter-se ele iniciado, de qualquer forma, no estudo dessa língua.

Os versos

Damos, a seguir, os dois sonetos que o "médium" psicografou com a assinatura de Bilac. Intitulam-se eles "Aos descrentes" e "Ideal".

Observam-se, desde logo, nesses versos, as rimas parelhas, tão usadas na "Tarde", e, no primeiro dos sonetos citados, a troca da colocação das mesmas rimas nos quartetos, também um hábito de Bilac para obter delas maior variedade e tornar menos monótona a sua sucessão.

Quanto ao ritmo, encontra-se, em verdade, no "Aos descrentes" aquela cadência forte e inconfundível, por exemplo, dos "Matuiús": *"De pés virados, marcha avessa e rude,(...)"*

Mas aí enviamos, para maior apreciação dos bons conhecedores da poética bilaqueana, os dois sonetos grafados pelo "médium" Chico Xavier, na sessão de 15 do corrente:

"Aos descrentes

Vós, que seguis a turba desvairada,
As hostes dos descrentes e dos loucos,
Que de olhos cegos e de ouvidos moucos
Estão longe da senda iluminada.

Retrocedei dos vossos mundos ocos,
Começai outra vida em nova estrada,
Sem a ideia falaz do grande Nada,
Que entorpece, envenena e mata aos poucos.

Ó ateus como eu fui – na sombra imensa,
Erguei de novo o eterno altar da crença,
Da fé viva, sem cárcere mesquinho!

Banhai-vos na divina claridade
Que promana das luzes da Verdade,
Sol eterno na glória do Caminho!"

"IDEAL

Na Terra um sonho eterno de beleza
Palpita em todo o espírito que, ansioso,
Espera a luz esplêndida do gozo
Das sínteses de amor da Natureza.

É ansiedade perpetuamente acesa
Do turbilhão medonho e tenebroso
Da carne, onde a esperança sem repouso
Luta, sofre e soluça, e sonha presa.

Aspirações do mundo miserando,
Guardadas com ternura, com desvelos,
Nas lágrimas de dor do peito aflito!...

Mas que o homem realiza apenas, quando,
Rotas as carnes, brancos os cabelos,
Busca o beijo de glória do Infinito!"

Na mesma sessão, grafou ainda o "médium" o seguinte soneto, com o nome de Augusto dos Anjos:

"VIDA E MORTE

A morte é como um fato resultante
Das ações de um fenômeno vulgar,
Desorganização molecular,
Fim das forças do plasma agonizante.

Mas a vida a si mesma se garante
Na sua eternidade singular,
E em sua transcendência vai buscar
A luz do espaço, fúlgida e distante!

Vida e Morte – fenômenos divinos,
Na ascendência de todos os destinos,
Do portentoso amor de Deus oriundos...

Vida e Morte – Presente eterno da Ânsia,
Ou condição diversa da substância,
Que manifesta o espírito nos mundos."

E esta *Oração* assinada por João de Deus:

"PAI DE AMOR E CARIDADE,
Que sois a eterna clemência
E de todas as criaturas
Carinhosa Providência!
Que os homens todos vos amem,
Que vos possam compreender,
Pois tendo ouvidos não ouvem
E vendo não querem ver."

Uma consulta mental

Grafada, em seguida, rápida mensagem de "Martha", e encerrados os trabalhos, o "médium" declarou que tinha uma comunicação particular do Além para o coronel Anísio Fróes. E este, pouco depois, dizia-nos que, realmente, fizera uma consulta mental, ao início da sessão.

21

EMMANUEL LEVA-NOS A UMA AUDACIOSA EXCURSÃO PARA LÁ DOS LIMITES DA MATÉRIA!

O "Corpo Espiritual", fonte de energia e da vontade, origem de todas as faculdades organizadoras

PEDRO LEOPOLDO, 18 (Especial para *O GLOBO*, por Clementino de Alencar) – Alguns leitores, numa demonstração de acentuado interesse pelas revelações da nossa reportagem, têm-nos escrito e pedido maior divulgação do "arquivo" de produções psicografadas por Chico Xavier.

Transmitimos esse desejo daqueles leitores ao médium, e este, prontamente e mais uma vez, pôs-nos à disposição o referido "arquivo", ou melhor, a sua pobre pasta de papelão à qual já temos feito repetidas referências.

Assim habilitados a satisfazer o que nos é solicitado, procuraremos entremear, na reportagem propriamente dos fatos e revelações da hora, algumas mensagens colhidas daquela pasta onde, desde já podemos adiantar, dormem, ignoradas, muitas páginas realmente interessantes e capazes de merecer a atenção dos estudiosos do assunto.

O corpo espiritual

Iniciaremos, hoje, a série dessas divulgações com a mensagem de Emmanuel, intitulada "O corpo espiritual", e na qual o Espírito protetor do médium nos leva numa audaciosa excursão para lá dos limites da matéria.

Os subtítulos que vão entrecortando a mensagem foram postos pelo repórter no sentido de melhor destacar os seus trechos mais interessantes.

Eis o que nos diz Emmanuel sobre o "corpo espiritual":

"De todos os fenômenos da vida, que se apresentam ao raio visual da ciência humana, mantenedores do seu entretenimento, são os da assimilação e da desassimilação, todavia, os que afetam mais particularmente a percepção do homem; não são os da atividade vital em si mesma, consubstanciados nas sínteses orgânicas assimiladoras, mas justamente os fenômenos da morte. É um axioma fisiológico a extinção das células que constituem o suporte de todas as manifestações do organismo, e apenas fazeis geralmente uma ideia da vida, por intermédio desses movimentos destruidores.

A vida corporal, expressão da morte

Quando no homem ou nos irracionais um gesto se opera, determina o desaparecimento de uma certa percentagem da substância da economia vital; quando a sensibilidade se exterioriza e quando os pensamentos se manifestam, eis que os nervos se consomem, gastando-se o cérebro em suas atividades funcionais.

A vida corporal é bem a verdadeira expressão da morte, através da qual efetuais as vossas observações e os vossos estudos.

Não dispondes, dentro da exiguidade dos vossos sentidos, senão de elementos constatadores da perda de energia, da luta vital, dos conflitos que se estabelecem para que os seres se mantenham no seu próprio "habitat".

A vida, em suas causalidades profundas, escapa aos vossos escalpelos, e apenas o embriogenista observa, na penumbra e no silêncio, a infinitésima fração do fenômeno assimilatório das criações orgânicas.

Inacessível aos processos da indagação científica

Segundo os dados da vossa Fisiologia, a célula primitiva é comum em todos os seres vertebrados e espanta, ao embriogenista, a lei orgânica que estabelece ideia diretora do desenvolvimento fetal, desde a união do espermatozóide ao óvulo, especificando os elementos amorfos do protoplasma; nos domínios da vida, essa ideia diretriz conserva-se inacessível até hoje aos vossos processos de indagação e de análise, porquanto esse desenho invisível não está subordinado a nenhuma determinação físico-química, porém, unicamente, ao corpo espiritual preexistente, em cujo molde se realizam todas as ações plásticas da organização sob cuja influência se efetuam todos os fenômenos endosmóticos. Organismo fluídico, caracterizado pelos seus elementos imutáveis, é ele o assimilador das forças protoplásmicas, o mantenedor da aglutinação molecular que organiza as configurações típicas de cada espécie; ele incorpora-se átomo por átomo à matéria do germe, dirigindo-a segundo a sua natureza particular.

Respondendo a objeções

Algumas objeções científicas têm sido apresentadas à teoria irrefutável e verdadeira do corpo espiritual preexistente, destacando-se, entre elas, como a mais digna de refutação, a hereditariedade, a qual somente deve ser ponderável sob o ponto de vista fisiológico. Todos os tipos do reino mineral, vegetal, animal, incluindo-se o hominal, organizam-se segundo as disposições dos seus precedentes ancestrais, dos quais herdam, naturalmente, pela lei das afinidades eletivas, a sua sanidade ou os seus defeitos de natureza orgânica unicamente.

Darwin e as gêmulas

De todos os estudos referentes ao assunto, em vossa época, salienta-se a teoria darwiniana das gêmulas, corpúsculos infinitésimos que se transmitem pela via seminal aos elementos geradores, contendo na matéria embrionária a disposição de todas as moléculas do corpo, que se reproduzem dentro de cada espécie. A maioria das moléstias, inclusive a dipsomania, são transmissíveis; porém, isso não implica um fatalismo biológico que engendre o infortúnio dos seres, porque inúmeros Espíritos, em traçando o mapa do seu destino, buscam, com o escolher determinado instrumento, alargar as suas possibilidades de triunfo sobre a matéria, como um fato decorrente das severas leis morais, as quais, como no ambiente terrestre, prevalecem no mundo espiritual, o que não nos cabe esplanar neste estudo.

Não obstante a preponderância dos fatores físicos nas funções procriadoras, é totalmente descabido e inaceitável o atavismo fisiológico, hipótese aventada pelos desconhecedores da independência da individualidade espiritual, que revestem a matéria de poderes que ela nunca possuiu em sua condição de passividade característica.

Hipótese a afastar

Reconhecendo-se, pois, a veracidade da argumentação de quantos aceitam a hereditariedade fisiológica nos fenômenos da procriação – representando cada ser o organismo de que provém pela filiação – afastemos a hipótese da hereditariedade psicológica, porquanto, espiritualmente, temos a considerar apenas, ao lado da influência ambiente, a afinidade sentimental.

Através dos escaninhos do universo orgânico

De todas as propriedades gerais que caracterizam os seres viventes, somente os fenômenos da nutrição podem ser estudados pela perquirição científica, e, mesmo assim, imperfeitamente. Além das operações comuns que se efetuam automaticamente, há uma força inerente aos corpos organizados, que mantém coesas as personalidades celulares, sustentando-as dentro das particularidades de cada órgão, presidindo aos fenômenos partenogenéticos da sua evolução, substituindo, através da segmentação, quantas delas se consomem nas secreções glandulares, no trabalho mantenedor da atividade orgânica.

Essa força é o que denominais princípio vital, essência fundamental que regula a existência das células vivas e no qual elas se banham constantemente, encontrando assim a sua necessária nutrição; força que se acha esparsa por todos os escaninhos do universo orgânico, combinando as substâncias minerais, azotadas e ternárias, operando os atos nutritivos de todas as moléculas. O princípio vital é o agente entre o corpo espiritual, fonte da energia e da vontade, e a matéria passiva inerente às faculdades superiores do Espírito, o qual a adapta segundo as forças cósmicas que constituem as leis físicas de cada plano de existência, proporcionando essa adaptação às suas necessidades intrínsecas.

Essa força ativa e regeneradora, de cujo enfraquecimento decorre a ausência do tônus vital precursora da destruição orgânica, é simplesmente a ação criadora e plasmadora do corpo espiritual sobre os elementos físicos.

O santuário da memória

O corpo espiritual não retém somente a prerrogativa de constituir a fonte da misteriosa força plástica da vida, a qual opera a oxidação orgânica; é também ele a sede das faculdades dos sentimentos e da inteligência e, sobretudo, o santuário da memória, em que o ser encontra os elementos comprobatórios de sua identidade através de todas as mutações e transformações da matéria.

O prodigioso alquimista

Todas as células orgânicas renovam-se incessantemente; e como poderia a criatura conhecer-se entre essas contínuas transubstanciações? Para que se manifeste o pensamento – que desconhece as glândulas que o segregam, porquanto constitui a vibração consciente do corpo espiritual – quantas células se consomem e queimam?

O cérebro assemelha-se a um complicado laboratório onde o Espírito, prodigioso alquimista, efetua as mais inimagináveis associações atômicas e moleculares necessárias às exteriorizações inteligentes.

É ainda, pois, ao corpo espiritual que se deve a maravilha da memória, misteriosa chapa fotográfica onde tudo se grava sem que os menores coloridos das imagens se confundam entre si.

Alma e Corpo

Tem-se procurado explicar, pela prática dos neurologistas, toda classe de fenômenos intelectuais, através das ações combinadas do sistema nervoso; e, de fato, a Ciência atingiu a certezas irrefutáveis, como, por exemplo, a de que uma lesão orgânica faz cessar a manifestação que lhe corresponde e que a destruição de uma rede nervosa faz desaparecer uma faculdade.

Semelhante asserto, porém, não afasta a verdade da influência de ordem espiritual e invisível, porque se faz mister compreender não a alma insulada do corpo, mas ligada a esse corpo, o qual representa a sua forma objetivada, com um aglomerado de matérias imprescindíveis à sua condição de tangibilidade, animadas pela sua vontade e por seus atributos imortais.

Algumas escolas filosóficas fizeram da alma uma abstração, mas a Psicologia moderna restabeleceu a verdade, unindo os elementos psíquicos aos materiais, reconhecendo no corpo a representação da alma, representação material necessária, segundo as leis físicas imperantes na Terra, as quais colocaram no sensório o limite das percepções humanas, que são exíguas em relação ao número ilimitado das vibrações da vida que para elas se conservam inapreensíveis.

É, pois, o corpo espiritual a alma fisiológica, assimilando a matéria ao seu molde, à sua estrutura, a fim de materializar-se no mundo palpável.

Sem ele, a fecundação constaria de uma composição amorfa, e todas as manifestações inteligentes e sábias da Natureza, que para nós deve significar a expressão da vontade divina, constituiriam uma série de fatos irregulares e incompreensíveis, sem objetivo determinado.

Toda as faculdades organizadoras provêm do Espírito.

A evolução infinita

E como se tem operado a evolução do corpo espiritual?

Remontai ao caos telúrico do vosso globo, nas épocas primárias.

Cessadas as perturbações geológicas, estabelecendo o repouso em algumas grandes extensões de matéria resfriada, eis que, entre as forças cósmicas associadas, aparece o primeiro rudimento de vida organizada – o protoplasma; eis que os séculos se escoam... eis as amebas, os zoófitos, os seres monstruosos das profundidades submarinas... Recapitulemos os milênios passados e acharemos a nossa própria história; a individualidade, o nosso ego constitui o nosso maior triunfo. E, chegados ao raciocínio e ao sentimento da Humanidade, através de vidas inumeráveis, teremos atingido o zênite da nossa evolução anímica? Não. Se nos achamos acima dos nossos semelhantes inferiores – os irracionais, acima de nós se encontram os seres superiores da Espiritualidade que se hierarquizam ao infinito e cuja perfeição nos compete alcançar. – *Emmanuel.*"

É essa uma das mais recentes mensagens psicografadas por Chico Xavier.

(*O Globo*, 24/5/1935.)

22

Chico Xavier responde a três delicadas perguntas de um estudioso em assuntos financeiros

PEDRO LEOPOLDO, 19 – (Especial para *O GLOBO*, por Clementino de Alencar) – Enquanto aguardamos a próxima sessão dos irmãos Xavier, enviaremos uma ou duas das demonstrações mais notáveis, que nos vão chegando às mãos, da mediunidade de Chico Xavier.

Hoje, ocupar-nos-emos da seguinte: o Sr. Francisco Teixeira da Costa, gerente do Banco Agrícola em Sete Lagoas, visita, de quando em quando, em Pedro Leopoldo, parentes e amigos que aqui possui.

De uma dessas vezes, o Sr. Teixeira da Costa, através das palestras, teve a atenção chamada para o caso Chico Xavier.

Estudioso de assuntos econômicos e financeiros, aquele senhor, com a mesma intenção de teste que observamos em outros detalhes de nossa reportagem, mostrou o desejo de fazer ao jovem "médium" uma consulta relativa aos problemas que o preocupavam.

A economia dirigida é um erro?, etc...

Posto em contato com Chico Xavier, o Sr. Teixeira da Costa, já à noite, deixou-lhe em mãos as três proposições seguintes:

"I – Dado o aumento da população mundial e a escassez do ouro necessário à circulação, a socialização do sistema monetário, tendo por base certa percentagem da exportação de cada país, conseguiria, pela emissão naquela base, regular o fenômeno da troca?

II – atendendo-se a que, na vida econômica, interessando a

produção a três classes – Estado, Capital e Trabalho – em favor destas pode ser regulada a circulação, emitindo-se certa percentagem na base do valor da produção exportável, emissão que será regulada pela estatística, a fim de aumentar ou diminuir automaticamente o regime da circulação, evitando-se inflação ou escassez de numerário?

III – A economia dirigida é um erro científico, que embaraça o progresso econômico dos povos?"

Não é apenas o ouro a alma da emissão

Chico Xavier acolheu as perguntas e prometeu que, nessa mesma noite, recolhendo-se à casa, consultaria a respeito os seus amigos e protetores do Astral.

Dito e feito.

As respostas foram conseguidas nessa noite; e, na manhã seguinte, o senhor Teixeira da Costa as recebia, em Sete Lagoas, para onde se retirara, logo após haver entregue ao "médium" as suas indagações.

Conseguimos do aludido banqueiro a vista do original dessa comunicação, para dela tirarmos uma cópia.

Eis as respostas dadas às proposições do Sr. Teixeira da Costa, acima citadas, pelo "médium" de Pedro Leopoldo, "doublé" do caixeirinho bisonho e simplório que, na sua atividade normal, não saberia certamente resolver os problemas da prosperidade nem da venda modesta de Seu Zé Felizardo:

Para a primeira proposição: "Dado o aumento da população mundial e a escassez de ouro, etc...", a resposta foi esta:

– "A escassez do ouro necessário à circulação é manifesta em todos os mercados internacionais; porém, não apenas o ouro é a alma da emissão.

A produção de cada país equivale a esse ouro, produção que significa, em seus valores intrínsecos, o lastro regulador dos fenômenos da fazenda nacional e o qual circula nas veias do comércio como elemento responsável das expressões fiduciárias; e "a socialização do sistema monetário, tendo por base a percentagem da exportação dos produtos de cada país, conseguirá, pela emissão nessa base, regular todos os fenômenos da troca", desaparecendo, integralmente, o problema do aumento da população mundial, porquanto as condições climatológicas mantenedoras das condições de habitabilidade do planeta estão completamente alheias às clausulas e cogitações dos economistas e sociólogos em geral."

Uma questão de política administrativa

A segunda proposição: "Atendendo-se a que, na vida econômica, interessando a produção a três classes – Estado, Capital e Trabalho – em favor destas pode ser regulada a circulação, etc...", teve a seguinte resposta:

– "A circulação poderá ser perfeitamente regulada, emitindo-se certa percentagem na base do valor da produção exportável, "evitando-se inflação ou escassez de numerário", em benefício das três classes, quando a socialização dos seus interesses for concentrada em uma só finalidade, que significa o seu bem-estar.

Essa questão, porém, está afeta à política administrativa, a qual, infelizmente, só agora se vem convencendo da necessidade do espírito de cooperação, desviando-se das criações endógenas e da pseudo-onisciência legislativa dos parlamentares.

Quando a mentalidade geral amadurecer para a compreensão dos fenômenos econômicos, a emissão será regulada de maneira a se aumentar ou diminuir automaticamente o regime da circulação, porque o Capital deixará de ser a caixa-forte de emolumentos que tem representando; o Trabalho desenvolverá a sua atividade produtora sob a esclarecida influência da técnica profissional, que operará a especificação dos valores individuais, e o Estado se experimentará fortalecido com uma nova ética política, a qual, com o espírito de colaboração, solucionará, satisfatória e devidamente, todas as questões de ordem administrativa."

A economia dirigida não é um erro

Por fim, a terceira indagação: "A economia dirigida é um erro científico que embaraça o progresso econômico dos povos?"

A resposta veio assim:

– "A economia dirigida não é um erro. Todos os obstáculos à normalidade da vida econômica dos povos são oriundos da ausência de senso administrativo dos governos, que enveredam pelo terreno da política facciosa, prevalecendo as diretrizes pessoais de personalidades ou grupos em evidência. Frequentemente, a economia está confiada a mentalidades que não especializam os seus conhecimentos a seu respeito e cujos programas de ação constituem singularíssimos fenômenos teratológicos no campo da fazenda pública, os quais medram entre as coletividades ao bafejo de inqualificáveis protecionismos.

É tempo da competência administrativa recrutar, entre os abalizados técnicos do assunto, os conselhos da economia nacional que funcionarão como forças reguladoras dos seus fenômenos, solucionando todos os problemas financeiros relativos à produção, repartição e consumo.

Esses conselhos, que devem ser constituídos por técnicos especializados na economia política, não desprezando os benefícios que promanam do espírito cooperativista, ouvirão a voz das classes trabalhadoras e produtoras em geral, sondarão as necessidades de cada uma, veiculando as suas proposições e defendendo os seus interesses nos parlamentos legislativos, investindo a política na posse da emetropia administrativa que frequentemente lhe falta.

Faz-se mister que as classes se organizem, representando-se perante as administrações por intermédio dos seus expoentes mais dignos, porque o governo nunca confabulou com os indivíduos, e sim com as classes, as quais devem sobrepor às arbitrariedades das facções a opinião dos interesses gerais, generalizando-se, assim, o regime da consulta e do inquérito.

Quando a economia for dirigida por esse corpo de mentalidades proficientes e conscienciosas, que deverão permanecer alheias aos conciliábulos de individualidades que transformam, às vezes, os recintos parlamentares em verdadeiros palcos de teatro jurídico, onde se exibem os profissionais da palavra, constatar-se-á que a economia deve ser dirigida com superioridade, equivalendo essa direção, que já se encontra rudimentarmente em atividade na Europa moderna, por um índice de novo ciclo de educação política, o qual traz em si a mais profunda significação histórica."

Oliveira Martins

Todas as respostas foram assinadas por "Joaquim Pedro d'Oliveira Martins", um nome que ficou na história da cultura portuguesa.*

"A síntese é a alma da verdade"

Ao pé das respostas acima, o "médium" grafou esta nota:

"Perguntei ao Espírito se não desejava escrever mais com respeito ao assunto, respondendo-me o seguinte:

– "A síntese é alma da verdade. Prolixidade não significa lógica.

Em buscando replicar as questões formuladas, o nosso objeto é apenas integrar o homem no conhecimento das suas possibilidades próprias, porquanto a chave da solução de todos os problemas que interessam ao progresso humano, o "quid" da realização dos seus superiores idealismos, reside nas mãos da humanidade mesma.

---

* Escritor, historiador e político português, nascido e desencarnado em Lisboa (1845-1894). As suas principais obras versam sobre Ciências Sociais. Seu trabalho *Circulação Fiduciária* foi premiado pela Academia de Ciências de Lisboa. Ele defendia a evolução natural da sociedade em direção ao socialismo. Foi deputado e ministro da Fazenda. (Nota do Org.)

Oferecemo-la daqui seria derrogarmos o valor da iniciativa pessoal e nem isso poderíamos realizar porque também estamos a caminho da verdade infinita, na estrada ascensional da evolução, interessando-nos outrossim problemas que condizem com a nossa existência espiritual. Sugerimos apenas em razão das nossas experiências passadas.

O homem não aguarde, porém, dos elementos estranhos ao seu meio-ambiente a decifração das suas questões, devendo apenas buscar, fora do seu meio, a força impulsiva dos ideais realizadores.

A lei suprema que abrange a universalidade dos seres é a do arbítrio independente. Obrigar individualidades e organizações a determinadas normas de conduta seria a escravização injustificável, e podeis observar, mesmo em vosso mundo, como a liberdade caminha, dia a dia, para concepções mais avançadas.

Para a Causa geradora da vida, não existe força compulsória; há ordem. Não há confusão de autoridade ou poder; existe sinarquia.

Todos os fenômenos, em geral, são dirigidos por atividade mística, inacessível aos vossos juízos transitórios.

Fugindo dos temas temporários da política, o homem necessita convencer-se de que a única coisa real da vida é a sua alma. Tudo o mais que o rodeia reveste-se de caráter de transitoriedade.

O Espírito encarnado atualmente é um estudante longe dos seus penates.

Todavia, a escola evoluirá com ele, transformando-se, no decorrer dos tempos, em berço de mestres ilustres aptos a lecionar nos educandários do porvir.

O homem conhecerá Deus, conhecendo-se, porquanto pode assimilar e adaptar a vida, mas não pode criá-la; pode, cientificamente, alcançar ápices inimagináveis; porém, somente no papel de examinador de tudo quanto está criado, sondando efeitos e descobrindo leis que se conservavam desconhecidas.

A causa dessas leis produtoras de variados fenômenos se encontra, para ele, sempre obscura e alheia aos seus métodos objetivos de investigação.

Até hoje, somente a fé, baseada na razão, tem podido, na sua extraordinária capacidade de ressonância, corresponder-se com os planos espirituais, através da sintonia de vibrações psíquicas; porém, pouco a pouco, a ciência humana coroará a sua obra com o conhecimento dessa Causa – que é Deus.

Joaquim Pedro d'Oliveira Martins"

(*O Globo*, 25/5/1935.)

Flagrante tirado ao encerrar-se a sessão, na noite de 22/5/1935, vendo-se entre os presentes, além do enviado do Globo, *várias pessoas procedentes do Rio de Janeiro. No primeiro plano, o médium Chico Xavier, de costas, permanece assentado, tendo, à sua direita, o seu irmão José Cândido.*

23

Quatro perguntas de direito penal e quatro respostas avançadas

Como a sociedade deve punir os delinquentes

PEDRO LEOPOLDO, 20 (Especial para *O GLOBO*, por Clementino de Alencar) – Entre as pessoas que vieram de Sete Lagoas para assistir à última sessão espírita na casa de José Cândido, estava, conforme dissemos em correspondência anterior, o senhor Geraldo Bhering, que advoga naquela cidade.

Após a reunião, cujos resultados já divulgamos, o jovem causídico, em palestra, no bar do Ponto, não escondeu sua impressão sobre a maneira pronta, precisa, mesmo feliz, como Chico Xavier respondera às nossas perguntas no decorrer da sessão.

E não tardou que o Sr. Bhering demonstrasse o desejo de fazer também uma consulta ao "médium", sobre questões enquadradas na esfera do Direito.

Formulam-se e discutem-se, então, várias perguntas que poderiam ser feitas, todas apanhadas do conjunto de problemas, leis e regras relativas às relações sociais.

A escolha

Afinal, a escolha recai sobre esta série de perguntas, grafadas ali mesmo pelo advogado:

– A sociedade tem o direito de punir aqueles que delinquem?

– A sociedade tem o direito de punir ou apenas o de se defender?

– A sociedade deve castigar o delinquente?

– O homem que delinque age livremente ou é determinado?

Como de costume

Cuida-se, então, de procurar o médium, embora já sejam cerca de 23 horas.

Chico Xavier é pouco depois encontrado, quando regressava da casa de José Cândido.

Como de hábito, acolhe, sem uma restrição, a consulta do advogado.

E, ainda como de hábito, promete encaminhá-la ao Além, num dos seus transes solitários, provavelmente naquela mesma noite, visto como, sessão, só a teríamos na próxima quarta-feira.

Um detalhe interessante: quando solicitado por um consulente, Chico Xavier não procura saber do gênero e número das perguntas. Acolhe-as, a todas, com a mesma singeleza e solicitude, e sem jamais manifestar qualquer interesse pecuniário.

Pelo contrário, através de declarações suas colhidas em ocasiões diversas, compreende-se que ele consideraria ofensiva qualquer oferta daquele gênero, apesar de sua pobreza.

A sociedade nunca deve punir com a morte

Conforme a sua promessa fizera esperar, Chico Xavier psicografou, na mesma noite, as respostas à consulta do advogado. Deu-as o próprio guia Emmanuel, conforme passamos a expor.

– A sociedade tem o direito de punir aqueles que delinquem? – era a primeira pergunta.

Eis a resposta de Emmanuel:

– "Na primeira proposição, a sociedade é representada pelo Estado ou pelo conjunto das leis jurídicas personalizado na sua autoridade e, assim como o Estado provê a necessidade de quantos requerem a sua assistência prestada sem exigências de remuneração, tem o direito de punir o delinquente que lesou, com o seu crime, a segurança social, importando a pena no valor do prejuízo causado. Nunca deve punir com a morte, mas examinando, atenciosamente, as condições fisiológicas e psicológicas do criminoso e considerando, ao exarar a sua sentença condenatória, que as aplicações do castigo constituem o problema relevante, por excelência, da criminologia."

Castigar regenerando

A segunda e a terceira pergunta foram respondidas em conjunto.

– A sociedade tem o direito de punir ou apenas o de se defender?

– A sociedade deve castigar o delinquente?

"Considerando o direito dentro de todas as suas características e precisando conciliá-lo com o Evangelho, somos de opinião que o Estado ou a sociedade deve defender-se mais e punir menos. A educação deve ser difundida em todas as suas modalidades, e as prisões, as penitenciárias, devem representar escolas, hospitais e oficinas, onde o delinquente, apesar de se conhecer coagido em sua liberdade, reconheça o seu direito de cidadão, digno da educação que ainda não tem e do trabalho, segundo as suas possibilidades individuais. A escola, a instrução e a assistência significam um fator preponderante na intangibilidade do Estado.

A sociedade pode, pois, castigar o delinquente, regenerando-o, beneficiando-o, buscando reintegrá-lo no respeito e na consideração de si mesmo."

"Não aceitamos a existência do criminoso nato"

– O homem que delinque age livremente ou é determinado?

A essa última pergunta, o guia Emmanuel assim responde:

"A última proposição é de todas a mais transcendente e encerra um problema que tem ensandecido muitos cérebros. É que ela se enquadra na questão das provas e das expiações de cada indivíduo, a qual, por enquanto, é desconhecida pelas ciências jurídicas e está afeta ao plano espiritual.

Admitindo algo da nova escola penal inaugurada por Lombroso, não aceitamos a existência do criminoso nato. Atendendo-se a circunstâncias oriundas da educação e do meio ambiente, o criminoso age com pleno uso do seu livre-arbítrio. Sobre todos os atos da sua vida deve o homem observar o império da sua vontade e é pela educação desta que chegamos ao equilíbrio das coletividades. Indubitavelmente, devemos considerar as exceções nos casos de loucura "sine materia", ou obsessões, segundo a verdade espírita, acima de qualquer juízo da justiça humana; mas as exceções não inutilizam as regras e insistimos na educação da vontade de cada um e na responsabilidade dela decorrente, única maneira de se conceber a Justiça Suma, que é a Justiça de Deus."

Cigarra morta

A seguir, cumprindo o que prometemos aos que se mostram interessados em conhecer novas páginas colhidas no "arquivo" do "médium", transcrevemos aqui alguns versos psicografados por Chico Xavier em 1934:

Cigarra morta

Chamam-me agora aí
Cigarra morta,
E não podia haver melhor definição,
Porque caí estonteada à porta
Do castelo em ruínas,
Do desencanto e da desilusão!...

Minhas futilidades pequeninas...
Meus grandes desenganos...
Eu mesma inda não sei
Se é ventura morrer na flor dos anos...
Sei apenas que choro
O tempo que perdi,
Cantando em demasia a carne inutilmente;
E vivo aqui, somente,
De quanto idealizei
De belo, de perfeito, grande e santo,
Que inda hei de realizar
Com a rima do meu verso e a gota do meu pranto.

Dá-me força, Senhor,
Para concretizar meu anseio de amor:
Evita-me a saudade
Da minha improdutiva mocidade!

Eu não quero sentir,
Como cigarra que era,

A falta das canículas doiradas
Sob a luz de ridente primavera.
Já que tombei cansada de cantar,
Calando amargamente,
Perdoa, Deus do Amor, o meu pecado:
Que eu olvide a cigarra do passado,
Para ser uma abelha prevídente.

Carmen Cinira

*Uma opinião do Dr. Carlos Imbassahy**

A respeito dos versos de Carmen Cinira psicografados por Chico Xavier, o Dr. Carlos Imbassahy escreveu ao "médium", em dezembro de 1934, uma carta da qual, data vênia, transcrevemos estes trechos:

"Quem conheceu Cinira vê que o seu estilo é este, que as suas ideias são estas. Ela sempre falou assim."

"... seu espírito, cheio de bondade e de amor pelo próximo, conservou-se puro em meio das impurezas e da corrupção do mundo."

E "Tais sentimentos, tais versos são precisamente de Cinira. Belos no fundo e na forma, eles glorificariam o autor que os assinasse.

Não se compreende que o nosso irmão de Minas apresentasse como estranha tão admirável poesia."

(*O Globo*, 27/5/1935.)

* Dr. Carlos Imbassahy, (Salvador, BA, 1883-Niterói, RJ, 1969), advogado, orador, destacou-se como valoroso escritor e tradutor espírita. (Nota do Org.)

Instantâneo tomado na residência do Dr. Zoroastro Passos, vendo-se, além do enviado do Globo, *o prof. Mello Teixeira, os engenheiros Francisco e Carlos Goulart, e os Drs. Rubens Costa Carvalho, Maurício Azevedo e Romero Carvalho.*

24

Homens de ciência e curiosos em grande romaria a Pedro Leopoldo!

PEDRO LEOPOLDO, 22 – (Especial para *O GLOBO*, por Clementino de Alencar) – Inegavelmente, as sessões espíritas realizadas pelos irmãos Xavier se estão tornando verdadeiros acontecimentos cuja repercussão atrai já até gente do Rio. E, a manter-se na mesma proporção até agora observada, o aumento de assistentes para cada nova reunião, é evidente que, em breve, não poderá mais a casinha da rua Dr. Neiva conter, de forma alguma, a afluência dos que, locais ou vindos de fora, procuram assistir ao sensacional transe semanal do "médium" de Pedro Leopoldo.

Hoje, por exemplo, as anotações que tomamos, antes de se iniciar a sessão, acusam, no que se refere à presença de pessoas vindas do Rio, entre as quais o Sr. Arcdio de Souza, conhecido negociante, homem viajado e de cultura geral; vindas de Belo Horizonte, entre várias outras, o Dr. Melo Teixeira, professor de psiquiatria da Faculdade de Medicina da capital mineira; os Srs. Francisco e Carlos Goulart, engenheiros, André Aguiral, procurador de partes; Costa Carvalho Filho, advogado; Raul Henriot e Ovídio Corrêa; e de Pedro Leopoldo, os Srs. Amando Belizário, negociante e proprietário; Henrique Guatimozin, Manoel Melo Viana, escrivão municipal; Srs. Christiano Ottoni, Mauricio Azevedo, Jorge Frederico Laun, Ernesto Carneiro Santiago Júnior, Irineu Araújo, Fausto Joviano, os quatro últimos da Fazenda Experimental do Ministério da Agricultura, além de numerosas outras pessoas. Na sua maioria, não são, os presentes, espíritas declarados; apenas estudiosos ou amigos do "médium", ou simples descrentes e curiosos da estirpe de Thomé – o santo.

Perguntas...

Já ao cair da noite, sentado na varanda do Hotel Diniz, o repórter medita. E, na expectativa da reunião próxima, daquele novo momento de contato rápido e impressionante com o mistério – vulgaridade para um dia futuro? – ele insiste, presunçoso!, em abstrair de si mesmo, para que, pela viseira de seus olhos, fique apenas a espiar, despersonalizado, o observador frio. Essa mesma presunção, entretanto, trai a pobre argila que palpita sob a rede de nervos estendidos do recinto arcano do espírito até a porta aberta dos sentidos. E, insidiosamente, vem também postar-se, sob a viseira aberta, a alma curiosa...

Sim, dizemos "alma", porque, francamente, no panorama da nossa vida orgânica, não percebíamos uma só exigência que nos convidasse àquela cisma absorvente, serena e sem o limite de uma referência palpável – como a noite que vinha caindo.

Acaso seriam as preocupações da nossa vida vegetativa que – no esquecimento momentâneo do ambiente onde há um ruído de talheres e um aroma de tangerinas – chamavam assim, à tona dos nossos pensamentos, a dúvida de Hamlet e as inquietações de Manfredo?

A verdade é que o ruído dos talheres não interessa, nem nos seduz o convite daquele aroma de tangerinas doces.

A paisagem se apaga, ao longe, com o fim do crepúsculo. E ao primeiro "passe" da grande feiticeira, que já se vai adornando de lâmpadas e estrelas, a cisma cerra, sobre nossos olhos, as pálpebras inúteis. Mas,

My alumbers – Il I alumber – are not sleep,
But a continuance of enduring thought
Which then I can resist not: in muy heart
There is a vigil...

E esse pensamento, que vela sobre o torpor das pálpebras caídas, teima em debruçar-se sobre um abismo de reticências.

"Morrer, dormir, talvez sonhar..."

Quem sabe?...

E dessa nasce um mundo de perguntas outras.

O locutório do Além vai de novo abrir-se para nós... Tentemos...

O redemoinho das nossas indagações estaca, porém, e desfaz-se ao som claro de uma voz da realidade.

A alma do cristal

Ao nosso lado está agora um jovem advogado de Belo Horizonte. É o Sr. Costa Carvalho Filho. Depois, vêm outras pessoas que, pouco depois, veríamos entre os assistentes, na casa de José Cândido.

Discute-se, então, uma pergunta que o advogado deseja fazer ao "médium" mas que:

– Oh! A isso ele não poderá responder. É assunto muito complexo, vasto. Será possível que esse rapazinho...

– Mas não é ele, são os Espíritos, será Emmanuel! – observa um entusiasta de Chico Xavier.

O Sr. Costa Carvalho, porém, hesita. Não quer parecer exagerado. E, a propósito do tema que o preocupa e o qual queria tirar uma pergunta destinada ao "médium", relembra:

– De acordo com a teoria de Darwin, corroborada pelas ideias de Haeckel, fiz ver, em um trabalho publicado há cerca de dois anos, a gradação das qualidades psíquicas por nuanças imperceptíveis, do homem ao cristal. No homem, quis ver a cúpula psíquica do nosso conhecimento; no cristal, o germe da nossa alma.

Relembrando aí a constante que, segundo indica a cristalografia, observa-se nas diversas formas geométricas assumidas pelos cristais, dentro de uma espécie de lei de hereditariedade, o Sr. Costa Carvalho indica-nos o ponto de onde nascera sua indagação:

– Observando-se que os nossos conhecimentos, não descendo embora à intimidade dos fenômenos, deixam, todavia, ver a identidade do fenômeno "memória anímica" e "memória cristalográfica", eu gostaria de, através de uma pergunta ao "médium", chegar até aquela intimidade. Parece-me, porém, que seria um exagero tal indagação.

Mas, exatamente por parecer um exagero, é que os admiradores do "médium" incitam o advogado a levar-lhe a sua consulta.

O Sr. Costa Carvalho cede, afinal, e grafa, ao alto de uma folha em branco, uma longa pergunta que ninguém pôde ler no momento. Só pouco depois, na sessão, foi ela assim anunciada:

"A ideia que preside à orientação das gêmulas na formação do embrião animal é da mesma natureza da que preside à formação dos embriões vegetais e dos cristais?"

Na esperança de que Humberto venha

Em vista da intenção do Dr. Costa Carvalho, deixamos ao jovem advogado a iniciativa das perguntas complexas. Quanto a nós, compareceríamos à sessão com algumas indagações singelas grafadas na esperança de que Humberto de Campos atendesse ao apelo que lhe iríamos fazer no sentido, por exemplo, de saber se, no Além, dentro da nova lei que rege a vida espiritual, nos altos planos intangíveis para onde se recolhem as almas desencarnadas, estaria ele agora satisfeito com o sentido que assumira, na Terra, sua obra literária, tão variada e vasta, mas sempre também tão humana e sentida.

Contudo, a intenção dos "testes" continuava acesa em nós.

E foi assim que, ao entrarmos na sala da sessão, repleta, não resistimos ao desejo de traçar, ao alto de mais uma folha, esta indagação destinada, mentalmente, a Emmanuel:

– Kann ein Geist einen lebendigen Freund besuchen?

(*O Globo,* 28/5/1935.)

25

SE O BEM VEM DE DEUS, DE ONDE PROVÉM O MAL?

Nova sessão espírita e novas perguntas respondidas pelo "médium"

PEDRO LEOPOLDO, 23 (Especial para *O GLOBO*, por Clementino de Alencar) – Desde que penetramos no pequeno aposento onde se realizam as reuniões, sentimos que o ambiente é pouco propício a uma rigorosa concentração.

A mesa acaba de instalar-se. A "corrente" é quase a mesma da vez passada. Apenas, no lugar que fora ocupado, na sessão anterior, pelo coronel Anísio Fróes, está agora o senhor Raul Henriot. E, em redor, os assistentes numerosos sucedem-se em fileiras cerradas, sentados, em pé ou, os mais recuados, trepados em cadeiras.

À hora de costume, a sessão inicia-se da forma já por nós descrita. Unicamente desta vez, as perguntas não foram lidas por José Cândido durante a oração de abertura dos trabalhos. Ele as reuniu simplesmente diante do "médium". Sob esse aspecto, a sessão é, pode-se dizer, quase que dedicada ao grande público: a não ser a indagação do advogado, a nossa, em alemão, e as que reservamos para a possibilidade de Humberto "descer", todas as demais perguntas a que o "médium" terá de atender constam da correspondência aqui chegada. Assim, estão ali invocações ao Espírito de Euclides da Cunha, indagações sobre o que conterá um envelope lacrado por pessoas idôneas e devidamente guardado fora do alcance de todas as mãos e olhares, em Belo Horizonte, além de outras perguntas.

Aspecto tomado em frente à casa de José Cândido, num dia de sessão, onde funcionava o antigo Centro Espírita Luiz Gonzaga. Chico Xavier, assinalado por um círculo, tem à sua direita o repórter Clementino de Alencar.

Inicia-se o "transe"

Finda a oração de abertura e após um momento de concentração tão profunda quanto possível, iniciam-se o transe e a corrida do lápis sobre o papel. A maioria dos assistentes não esconde sua curiosidade e o interesse de ver como se desenrola a atividade do "médium" naquele delicado instante. E é sob cerca de trinta olhares atentos que a mão veloz vai psicografando respostas e mensagens espontâneas do Além.

A orientação das gêmulas na formação dos embriões

A primeira pergunta a ser respondida foi exatamente a do Sr. Costa Carvalho Filho:

– "A ideia que preside à orientação das gêmulas na formação do embrião animal é da mesma natureza da que preside à formação dos embriões vegetais e dos cristais?"

Eis a resposta:

– "A teoria darwiniana das gêmulas constitui uma regra geral em todo o portentoso drama da evolução anímica.

No reino mineral, vegetal, animal, incluindo-se o hominal, encontramo-la sempre representando os corpúsculos infinitésimos, operários perfeitos da hereditariedade. O assunto, porém, é por demais transcendente para que possamos resumi-lo nas duas linhas de uma resposta. – Emmanuel."

Mais tarde, o Sr. Costa Carvalho fez-nos ver que, na ordem da citação "mineral, vegetal e animal", a resposta segue estritamente o método científico na apreciação de tais fenômenos, aliás, obedecendo à própria ordem natural.

De onde provém o mal?

Outra pergunta:

"– Se o Bem provém de Deus, de onde provém o Mal?"

O lápis do "médium" assim grafou a resposta:

"– O mal em hipótese alguma pode provir de Deus, personificação do Amor supremo e da suprema Bondade. É necessário que se encare com justiça o conceito de Deus, evitando-se encará-lo como o monarca do céu que as religiões criaram com suas absurdas afirmativas. O Mal, já o disse um profundo pensador, é o Bem interpretado imperfeitamente. Está para o Bem como a noite está para o dia. Ele representa uma questão de julgamento imperfeito dos homens; contudo, para discutir tão transcendente problema, o qual já ensandeceu muito cérebro de teólogo consumado, é preciso tempo, ficando portanto essa tarefa para uma oportunidade mais de acordo com a necessidade do momento. – Emmanuel."

A hora da morte...

Cai a seguir, sob o lápis do "médium", uma folha com esta pergunta:

"– A hora da morte obedece a uma lei ou é acidental?"

Eis a resposta dada:

"– A morte, em geral, ocorre sempre no instante determinado. Há, todavia, exceções, e essas se verificam segundo o livre-arbítrio do homem. A liberdade individual está, pois, acima de todas as circunstâncias e, daí, depreende-se a necessidade da educação da vontade e disciplina de emoções de cada um. – Emmanuel."

A mensagem inacabada

Finda essa resposta, há como que uma ligeira interrupção no transe. O presidente da mesa pede maior concentração e, por fim, o lápis volta a grafar. Não é, porém, uma resposta; é uma comunicação espontânea que diz assim:

"– Amigos, assistis, nesses tempos da civilização contemporânea em seu auge de esplendor, ao mal-entendido secular que vem se verificando entre a ciência e a religião. Esta última, com a falência das suas instituições, recolheu-se na sua ousadia dogmática, enquanto a ciência guardou-se nos absurdos da negação. A religião, para Schleimacher, significa o sentimento absoluto da nossa dependência; para Kant, representa a base de nossos deveres; todavia, o princípio religioso é a tendência de toda a criatura para a ideia de Deus e para a grandeza da sua imortalidade. A ciência não pode conceber o pensamento sem o cérebro e a vida fora da matéria organizada. Entre uma e outra vem se estabelecendo o conflito que apenas os séculos de estudo, de indagação e de análise poderão desfazer. Esse trabalho começa a se efetivar com os processos novos, inaugurados dentro do positivismo, mas, infelizmente, a alma ainda não pode ser encontrada dentro da indagação fria. A metapsíquica é ainda uma ciência infusa não obstante o valor intelectual dos seus mestres e expositores. Nos tempos que passam, Deus ainda deve ser buscado com a sinceridade do coração, acima do escalpelo indagador. Não podemos, pois, pedir à fisiologia que nos ouça, que nos reconheça. Apenas convidamo-la ao estudo, cujos resultados constituirão uma série de benefícios para a coletividade sofredora..."

A essa altura, o lápis para, hesitante. Sente-se que ele quer continuar, mas lhe falta o impulso.

Terão a curiosidade e a aglomeração ambientes prejudicado a concentração?

José Cândido tenta restabelecer esta, mas inutilmente. Evidentemente, o transe sofreu nova interrupção, pois José resolve falar ao "médium".

– Acabou?

Chico Xavier articula vaga e surdamente duas palavras que nos parecem:

– Hein?... Não.

Tenta-se de novo a concentração. O lápis volta a escrever em outra folha; mas não mais aquela mensagem. Notamos que são respostas.

26

A CIÊNCIA DOS ESPÍRITOS É A NOSSA CIÊNCIA

Emmanuel deixa de responder uma pergunta em alemão –
Nem Euclides nem Humberto de Campos atenderam ao chamado –
Mais um soneto de Augusto dos Anjos –
Uma série de questões em inglês

PEDRO LEOPOLDO, 23 (Especial para *O GLOBO*, por Clementino de Alencar) – Reforçada, pois, a concentração, volta o lápis a correr sobre o papel. Não retoma, porém, a mensagem interrompida.

Quando, mais tarde, finda a sessão, recolhíamos a produção psicografada durante a mesma, pedimos a Chico Xavier que conservasse em seu poder, ainda durante algumas horas, a "mensagem inacabada", na expectativa de que o "Espírito", o Amigo do Espaço que a iniciara, voltasse para concluí-la.

Isso, porém, não se deu; e, no dia seguinte, Chico no-la entregava, assim como ficara ela, na véspera; interrompida. Tal como, na Terra, emudece o rádio porque, ao longe, numa paragem que não saberíamos fixar, passa, imprevista, a tempestade...

O envelope lacrado

Voltemos, porém, à sessão. Emmanuel cuida de atender às indagações que restam sobre a mesa.

Surge o caso do envelope lacrado e guardado em mãos de pessoas idôneas, na capital mineira.

Escreve a mão do "médium":

"Quanto ao consulente de Belo Horizonte, o qual apresenta um envelope fechado contendo um jogo de palavras que, segundo diz ele, representa uma heresia, dispenso-me de semelhante tarefa. A experiência é viável dentro da moderna psicometria; porém, o Xavier não possui faculdade para operar prodígio".

Acha ainda Emmanuel que o consulente se deve dirigir a um estudante de telepatia.

As invocações e o perigo da autossugestão

A invocação ao Espírito de Euclídes da Cunha não surtiu efeito: o estilista dos "Sertões" não desceu para dar àquele "rebanho de humildes sofredores" um sinal de sua existência e de seus pensamentos no Além.

A esse respeito, responde o guia Emmanuel pela afirmação da existência, no Além, de uma liberdade espiritual: os desencarnados não ficam à disposição do chamado dos "vivos".

"Torna-se preciso encarecer – observa Emmanuel – a importância que assume tal chamado do mundo espiritual, onde não nos encontramos à revelia de leis que regulam os nossos mínimos atos. Também na evocação individual existem os perigos da autossugestão.

Segundo nos disseram pouco depois alguns, dentre os presentes, iniciados na doutrina, essa autossugestão precisa ser evitada no "médium" e pode ocorrer quando esse busque o transe levando na mente alguma invocação.

"Não conheço esse idioma"

Conforme dissemos em correspondência anterior, ao entrarmos na casa de José Cândido, para a sessão do dia 22, grafamos, em alemão, uma pergunta que, "pouco" depois, ia se reunir às outras, já amontoadas diante do "médium".

Fora a lembrança do caso de Mme. Piper, citado pelo juiz Edmonds, depois presidente do Senado Norte Americano, que despertara em nós a intenção daquele teste.

Mme. Piper não conhecia o grego. O Espírito de George Pelham que ela encarnou, certa vez, traduzira, entretanto, uma frase em grego que fora apresentada pelo professor Newbond.

George Pelham conhecia o grego. Infelizmente, Emmanuel não sabe alemão. Foi, pelo menos, o que ele disse ao pé da nossa pergunta:

"Não compreendo a pergunta que, a meus olhos, está constituída como de traços de um hieróglifo, em virtude da minha ignorância a respeito daquilo que traduzem.

Na minha condição de desencarnado, ainda não atingi a onisciência."

"A ciência deles é a nossa"

Ainda a esse respeito procuramos ouvir, depois da sessão, a opinião de iniciados na doutrina, e estes nos observaram:

– A resposta de Emmanuel parece-nos lógica. Se, em sua existência terrena, ele não conhecia o alemão, não poderá ter aprendido esse idioma no Além. É provável que lá não haja aulas de alemão. Aliás, do conjunto das nossas comunicações com os desencarnados, ressalta isto: no que se refere aos conhecimentos e questões que preocupam aos encarnados, aos chamados vivos, a ciência dos Espíritos se detém no ponto em que se acha a nossa, em seu puro exclusivismo terreno. O aperfeiçoamento deles, no Além, verifica-se nos altos planos da evolução e da purificação espiritual. Apenas se, às vezes, usando desses conhecimentos terrenos, eles nos podem dar conselhos e diretrizes mais esclarecidos do que quando "vivos", isso se deve atribuir à sua nova condição de libertos das pesadas contingências terrenas.*

O único "fantasma" dentro do Universo

Dadas as respostas acima, o "médium" entra a grafar versos.

São sonetos, entre os quais este, de Augusto dos Anjos:

Há no Universo um estranho dinamismo,
Na grandeza de todos os cenários,
Nos aspectos dos orbes multifários,
Cantando o hino triunfal do transformismo.

É o sagrado e divino esoterismo
Dos sublimes anseios unitários.
Que vem do macrocosmo aos protozoários
E une o céu ao minúsculo organismo!

* É perfeitamente possível aprender, no Além, qualquer idioma. Aliás, existem os *espaços das nações* – regiões do Plano Espiritual onde, geralmente, vivem os que desencarnaram nos países correspondentes, comunicando-se, basicamente, com a linguagem articulada através do idioma pátrio. (*Evolução em Dois Mundos,* André Luiz, F.C. Xavier, W. Vieira, cap. II e VII, 2ª P., FEB.) Mas, em Planos mais Altos, os Espíritos utilizam-se largamente da comunicação telepática e, nessas Esferas, o conhecimento científico é bem mais avançado do que na crosta terrestre. (Nota do Org.)

Tudo é beleza, da Beleza Ignota,
Seguindo a mesma estrada, a mesma rota
Da Luz, fulgor de Deus no éter disperso!

E o homem, só, no seu dia miserando,
Solta o "ai" doloroso e formidando
De um fantasma gemendo no Universo!

Depois desse, são grafados versos de Hermes Fontes e ainda algumas palavras de Emmanuel sobre o enorme dispêndio de forças neuropsíquicas, a que é obrigado o "médium" para chegar ao fenômeno do transe, assim em sessões públicas e muito concorridas, o que torna difícil a manutenção da "corrente".

Humberto, ainda desta vez, não

Como se vê, Humberto, ainda desta vez, não compareceu. A esse respeito ouvimos do "médium" algumas declarações que enviaremos depois, juntamente a impressões colhidas com o professor Melo Teixeira e outras pessoas presentes à sessão.

Tentemos o inglês

Agora, voltemos ainda à pergunta em alemão.

Emmanuel não conhece esse idioma. Ocorreu-nos, porém, esta manhã, a lembrança das mensagens em inglês, assinadas pelo Espírito protetor do "médium".

Pouco depois, passamos pela venda de Seu "Zé Felizardo" e, sem manifestarmos todo o nosso intento, pedimos um ligeira entrevista hoje, à noite, com Chico Xavier em sua casa.

Ele atendeu-nos prontamente. Estará à nossa disposição às 21 horas.

– Poderemos obter então uma comunicação com Emmanuel? – indagamos ainda.

E ele:

– É provável que sim. Venha, e a gente tentará...

Assim, daqui a pouco, quando chegar a noite, iremos apresentar a Emmanuel uma série de indagações em inglês.

"Não se póde negar. Estamos deante de um phenomeno lidimo, visto, presenciado"

FALA AO "GLOBO" UM PROFESSOR DA UNIVERSIDADE DE BELLO HORIZONTE

Na varanda da residencia do Dr. Zoroasto Passos. O reporter lê as respostas do "medium"

PEDRO LEOPOLDO, 23 (Especial para O GLOBO, por Clementino de Alencar) — Antes de proseguirmos na focalisação de factos novos, queremos reservar aqui espaço para o registo de algumas impressões, colhidas logo após a sessão de hontem, á noite.

De uma fórma geral, a reunião e seus resultados agradaram a todos. Ha mesmo os que, sem serem nem inimigos nem amigos do espiritismo, mas simples curiosos ou estudiosos de phenomenos como o em apreço, confessam a desconfiança que os trouxéra á reunião e tambem o desejo de não admittir ou negar apenas de oitiva. [illegible] "ver". Viram. E não perceberam de quem quer que fosse uma palavra de restricção á sinceridade e honestidade do "medium". Pelo contrario, mostravam-se todos optimamente impressionados com a maneira simples, espontanea e precisa como se desenvolveram os trabalhos. Aliás, conforme temos observado mais de uma vez, Chico Xavier não costuma adoptar subterfugios em face das questões e consultas que lhe são apresentadas. Vae directa e resolutamente ao encontro das perguntas.

Deante de tudo isso, sente-se o reporter no dever de anotar, já agora, aqui esta impressão: torna-se cada vez mais remota a idéa de fraude grosseira que tenha porventura surgido com

(Conclue na 3ª pagina)

Texto inicial da reportagem redigida em 23/5/1935, e publicada, na edição de 31 de maio, como em todas as vezes, estampado na primeira página do jornal O Globo, *sendo o final impresso logo na terceira.*

27

"NÃO SE PODE NEGAR. ESTAMOS DIANTE DE UM FENÔMENO LÍDIMO, VISTO, PRESENCIADO"

Fala ao "O Globo" um professor da Universidade de Belo Horizonte

PEDRO LEOPOLDO, 23 (Especial para *O GLOBO*, por Clementino de Alencar) – Antes de prosseguirmos na focalização de fatos novos, queremos reservar aqui espaço para o registro de algumas impressões, colhidas logo após a sessão de ontem, à noite.

De uma forma geral, a reunião e seus resultados agradaram a todos. Há mesmo os que, sem serem nem inimigos nem amigos do Espiritismo, mas simples curiosos ou estudiosos de fenômenos como o em apreço, confessam a desconfiança que os trouxera à reunião e também o desejo de não admitir ou negar apenas de oitiva. Queriam "ver", Viram. E não percebemos de quem quer que fosse uma palavra de restrição à sinceridade e à honestidade do "médium". Pelo contrário, mostravam-se todos otimamente impressionados com a maneira simples, espontânea e precisa como se desenvolveram os trabalhos. Aliás, conforme temos observado mais de uma vez, Chico Xavier não costuma adotar subterfúgios em face das questões e consultas que lhe são apresentadas. Vai direta e resolutamente ao encontro das perguntas.

Diante de tudo isso, sente-se o repórter no dever de anotar, já agora, aqui esta impressão: torna-se cada vez mais remota a ideia de fraude grosseira que tenha porventura surgido com as primeiras notícias relativas ao jovem "médium" de Pedro Leopoldo.

O observador tenaz

Um dos observadores mais pertinazes que teve Chico Xavier,

durante a sessão, e um também dos mais esclarecidos, foi, sem dúvida, o Dr. Melo Teixeira. O distinto mestre de Psiquiatria da Universidade de Belo Horizonte sentara-se próximo ao "médium" e deste não tirava o olhar atento.

Quando se encerraram os trabalhos, foi ele o primeiro a dirigir-se a Chico Xavier, indagando sobre as sensações que esse acaso guardasse do transe.

Chico refere-se ao torpor característico de que já nos havia falado e cita ainda a sensação vaga de um círculo de ferro que lhe envolvesse a cabeça. Às vezes, também parece que as ideias lhe escorrem quentes pela mente.

Pergunta-lhe ainda o professor Melo Teixeira se ele tivera alguma sensação de tato ou de impulso estranho a lhe conduzir a mão sobre o papel.

Chico Xavier diz que não: apenas julga ter percebido, de sua mão, no transe, mas muito vagamente, uma tênue irradiação. Quanto à vidência, nenhuma.

"É um fenômeno lídimo"

Deixando, logo a seguir a sala da sessão, o professor Melo Teixeira dirigiu-se, em visita de amizade, à residência do Sr. Zoroastro Passos.

Ali fomos pouco depois procurá-lo e colher suas impressões.

"– Não se pode negar: estamos diante de um fenômeno lídimo, visto, presenciado – diz-nos o professor patrício. – Haverá, naturalmente, os que acusam esse rapaz de fabricar pastiches. É uma hipótese para observador distante e superficial, mas não para os que presenciem e se inteirem, como o fizemos hoje, do fenômeno."

Discorrendo sobre a citada hipótese, o Dr. Melo Teixeira admite a possibilidade de se imitar um estilo.

Acha, porém, inadmissível, incrível que se possa imitar, simultaneamente, vários estilos e, mais do que isso, várias culturas como no caso de Chico Xavier.

"Não há possibilidade de elaboração individual"

"– Assim – prossegue S.Sa. –, sentimo-nos diante de uma força ultranormal. Dadas a variedade de estilos e cultura e as circunstâncias em que vimos o "médium" grafar os trabalhos, e considerada ainda a sua pouco instrução, sente-se que não há possibilidade de elaboração individual, no caso."

Quanto menos se creia, mais sensacional é o caso

Em outra roda de assistentes colhemos também impressões e opiniões que resumiremos nisto:

– Evidenciado o fenômeno, temos que: para os espíritas, que o veem sob um ponto de vista dogmático, tudo é muito natural, não surpreende. Mas para os não-espíritas, os que não admitem o dogma da comunicação com os mortos, então é que o caso tem de se apresentar surpreendente. Sendo o determinismo do fenômeno desconhecido para o descrente, quanto menos se creia mais sensacional o caso se torna...

Um esclarecimento sobre Perasso

Foi ainda ao fim dessa reunião que José Cândido nos pediu fizéssemos público um esclarecimento sobre Perasso, ao que prontamente aqui atendemos:

Em nossa reportagem de 4 do corrente, na qual contamos um pouco da história de Chico Xavier, há uma passagem, a da doença da irmã do "médium", em que aparece um senhor de nome Perasso, chamado às pressas para, com exorcismos, curar a moça, visto que o tratamento médico não dera resultados imediatos. Dada a maneira como nos fora narrado o aparecimento de Perasso, no episódio, usamos, referindo-nos a ele, a expressão "o feiticeiro".

Eis o esclarecimento que José Cândido nos pede: Perasso não era feiticeiro, e sim um espírita fervoroso; e só se dispusera a tentar aquela cura por amizade à família Xavier. Tendo sido uma espécie de pioneiro do Espiritismo na zona de Pedro Leopoldo, vive presentemente em Belo Horizonte, dedicando-se exclusivamente à sua profissão de chofer.

(*O Globo,* 31/5/1935.)

Os srs. Fausto Joviano, Maurício de Azevedo, Armando Belizário, Manoel Vianna Braga e outros assistentes em frente à Casa de José Cândido, num dia de sessão.

28

No rumo das novas revelações

O "quebra-cabeças" do repórter – Será a vida apenas um sonho vazio? – Indagações de um átomo de um mundo atordoado

PEDRO LEOPOLDO, 24 (Especial para *O GLOBO*, por Clementino de Alencar) – Feito o relato da última sessão, prossigamos agora no rumo de fatos novos e de novas revelações.

Ao fim da nossa correspondência de ontem, à tarde, expusemos a intenção de um encontro, à noite, com o "médium" em sua casa, e a boa vontade de Chico Xavier em nos atender.

Sucedeu, porém, que Seu Zé Felizardo, adoentado, há já algum tempo, piorou um pouco, ontem, devido talvez, ao frio que tem feito aqui; e Chico Xavier não pode abandonar cedo, para nos atender, a casa do seu patrão e padrinho.

Ficou, pois, a entrevista transferida para hoje.

Ao fazermos tal solicitação, tínhamos em mira o seguinte: obter, por intermédio de Chico, uma comunicação com Emmanuel e, então, fazer a este algumas perguntas, em inglês, idioma que o "médium" não conhece, absolutamente, segundo a afirmação categórica de pessoas idôneas que, no convívio tão natural das cidades pequenas, conhecem o rapaz desde quando era ele uma criança.

O "quebra-cabeças" do repórter...

Com sua intenção de levar o "médium" a novo teste, o repórter cai, por sua vez, numa espécie de "quebra-cabeças"...

Com todo o seu inglês teórico dos "preparatórios" e o prático do "Berlitz", gasta o coitado, sem o auxílio de um dicionário, do "Little Londoner" e de um "amigo inglês", boa parte da sua tarde na tarefa de elaborar uma série de perguntas, das quais escolherá algumas para levar ao "médium"...

Arre! Que custo!... Inglês não é assim tão fácil...

Será a vida apenas um sonho vazio?...

A certa altura da nossa "intensa tarefa", ocorre-nos, felizmente, da lembrança de que lêramos algures, num "Salmo da Vida", de Longfellow, estes fragmentos da rebeldia de um coração moço contra a sombria arenga do salmista:

"Tell me not, in mournful numbers,

Life is but an empty dream!"

"Dust thou art, to dust returnest

Was not spoken of the soul."

Não me digas que a vida é apenas um sonho vazio...

Isto – "És pó e ao pó retornarás" – não se refere à alma...

Daqui, olhando a colina distante e ensolarada sob a tarde bonita que o céu de Pedro Leopoldo generosamente nos dá, todos os dias, sentimos também, com a palpitação tão ampla, tão "viva", da vida, o ímpeto daquela rebeldia.

E elegemos a primeira pergunta ansiosa:

– Is life but an empty dream?

Podem os Espíritos influir sobre o futuro dos vivos?

Depois, ocorrem-nos outras inquietações, outras incógnitas que nos levam a grafar isto:

– Have you, Spirits, any power upon the future of your living friends?

Indagações de um átomo de um mundo atordoado

Por fim, as nossas inquietações humanas se espraiam, confundem-se na palpitação coletiva dos nossos dias agitados, não raro, por sombrias ameaças.

E grafamos ainda para Emmanuel, o esclarecido Amigo do Espaço, ainda estas indagações:

– I should like to ask you something else. Many voices say we are living through dangerous days, the phantom of war ahead.

What do you think about? Shall we have a best time, in the near future? What do you think about the possibility of a new world war?

Na casa do "médium"

Cerca das 21 horas estávamos diante do "médium", em sua casa.

Tudo em silêncio. Suas irmãs tinham saído.

Palestramos um pouco.

Chico Xavier lê-nos algumas páginas psicografadas de 1934 para cá, entre as quais uma interessante comunicação de Berthelot.

Depois, expomos o fito de nossa visita.

Com a simplicidade de costume, ele acede ao que pedimos. Apenas não tem, no momento, um lápis sequer. Oferecemos-lhe o nosso. Entregamos-lhe as duas primeiras das perguntas acima. Passando sobre elas os olhos, rapidamente, ele, visto não haver mesa na sala, pede-nos licença e senta-se na mesinha da peça reservada às refeições da família, que é ao lado e se expõe toda aos olhos do visitante que esteja na sala.

Em seguida, abrindo sobre a mesa as folhas que lhe déramos, comunica-nos que se vai concentrar.

Quanto a nós, sentamo-nos junto à porta de comunicação, ponto de onde se vê a mesa, e, delicadamente, inclinamo-nos sobre a mensagem de Berthelot que temos sobre os joelhos.

Instantes depois, ouvimos o ruído característico do lápis correndo sobre o papel.

E não tardou muito para que Chico Xavier nos trouxesse as respostas.

(*O Globo,* 1/6/1935.)

29

Emmanuel dá por finda a sua missão

Os espíritos e a vida dos vivos – O futuro, sempre insondável – Vida, curto pesadelo

Evangelho de Jesus, para a salvação do mundo

PEDRO LEOPOLDO, 25 (Especial para *O GLOBO*, por Clementino de Alencar) – Tivera, pois, resultado satisfatório a nossa tentativa de consultar Emmanuel num idioma desconhecido do "médium". Este, com a sua simplicidade habitual, recolhera as respostas que ali estavam diante dos nossos olhos. Ocorre-nos a frase com que, atrás, resumíramos algumas impressões: "Quanto menos se creia, mais sensacional o caso se torna".

Realmente, a evidência é sensacional. O "médium", conforme todos nos afirmam categoricamente, não sabe inglês. As perguntas, entretanto, foram muito bem interpretadas e tiveram imediata resposta.

Sem elementos lógicos para uma contestação, limitar-nos-emos a expor aqui o que Emmanuel nos respondeu pela mão humilde de Chico Xavier.

Os Espíritos e o futuro dos seus amigos vivos

Em uma de nossas perguntas indagávamos:

– Have you, spirits, any power upon the future of your living friends? (Tendes vós, os Espíritos, algum poder sobre o futuro dos vossos amigos vivos?)

Em sua resposta, Emmanuel, de início, estranha a expressão "amigos vivos". A seu ver, o "vivos" é impróprio porque "todos nós estamos vivendo". Há apenas, para essas vidas, planos diferentes que, aliás, interpenetram-se.

Depois, diz o guia:

"– Não creio que as personalidades desencarnadas tenham poderes sobre o futuro dos seus amigos que ainda se encontram na Terra. Essa atuação infirmaria o valor da iniciativa pessoal e encontraria os obstáculos do livre-arbítrio, lei reguladora da existência de cada indivíduo.

Os Espíritos podem influenciar na vida daqueles aos quais se sentem ligados pela afeição fraterna, mas de uma forma indireta e sutilíssima.

A presciência ainda não é atributo dos seres da minha esfera. Conheço individualidades que, mesmo no Espaço, entregam-se aos estudos atinentes ao porvir; porém, quero crer que jogam com as probabilidades que as circunstâncias, às vezes, vêm inutilizar."

O pesadelo que passa rapidamente...

Passemos a outra pergunta:

– Is life but an empty dream? (É a vida apenas um sonho vazio?)

Ao salmista de Longfellow, o Coração do Moço Rebelado observara.

"A vida é real!... E o túmulo não é o seu termo". Assim, "no vasto campo de batalha do mundo, no bivaque da Vida, seja cada um não a besta obtusa e submissa, mas o herói em luta" no rumo do divino infinito.

A resposta de Emmanuel psicografada pelo "médium" foi esta:

– "A vida não é o sonho, conjunto de ideias quiméricas e fantasias ocas. É o sonho da perfeição, cheio das vibrações da eterna beleza.

Na Terra, a existência é quase só a dos seres que se algemaram na cadeia das inquietações e dos desejos, os quais a transformaram num pesadelo de expectativas e ansiedades. Passa, porém, rápido esse mau sonho e, em reabrindo os olhos nos planos espirituais, sente-se, o ser liberto, na posse dos inefáveis bens da Vida, se procurou triunfar na luta de suas imperfeições. Experimenta-se, então, envolvido em claridades consoladoras, e o seu coração é como um sacrário de amor eterno e de eterna esperança".

O insatisfeito...

O repórter, porém, não está satisfeito. Ele fizera perguntas, talvez num mau inglês, mas, em todo caso, sempre em inglês.

As respostas podiam estar num bom português; mas eram sempre em português... E ele gostaria de obter de Emmanuel pelo menos uma expressão em inglês.

Nada, porém, comunicamos ao "médium" dessa pequena margem de insatisfação que ficara ao lado do contentamento pelas respostas obtidas.

Lembramo-nos apenas de que ainda tínhamos, no bolso, uma longa pergunta. Renovaríamos a tentativa.

Não quisemos, porém, insistir, ontem. Hoje, à noite, sim, voltamos à casa de Chico Xavier.

Na melhor compreensão das "leis de ouro" está ainda a possibilidade de uma era mais feliz

Tudo, na modesta casinha do "médium", está silencioso, como na véspera.

Apresentamos, então, a ele a nossa terceira pergunta:

– I should like to ask you something eise. Many voices say we are living through dangerous days, the phantom of war ahead. What do you think about? Shall we have a best time, in the near future? What do you think about the possibility of a new world war?

(– Eu gostaria de perguntar-vos mais alguma cousa. Muitos dizem que nós estamos atravessando dias perigosos, com o fantasma da guerra pela frente.

Que pensais a respeito? Teremos melhores tempos, num futuro próximo? Que pensais sobre a possibilidade de nova guerra mundial?)

O "médium" volta a sentar-se, para a concentração e o apelo ao guia, na mesma mesinha da outra vez. Ficamos junto à porta de comunicação e dali percebemos, dentro em pouco, o ruído do lápis. Ele está, porém, escrevendo muito depressa. Parece-nos que, ainda desta vez, a resposta vem em português.

Então, conforme mandam as práticas espíritas, fazemos ao guia um pedido mental, espécie de prece insistente, para que ele nos diga alguma cousa não em português.

Enquanto ansiosamente esperávamos o resultado do apelo, notamos que o lápis estaca após o bater de um ponto e num movimento rápido, como se traçasse uma assinatura.

Estará concluída a resposta? E o nosso "inglês"?

Não; a pausa é muito rápida. O lápis volta a escrever.

Devemos crer na eficiência de nosso pedido mental a Emmanuel?...

A essa, como a muitas outras perguntas que nos têm ocorrido aqui, não saberíamos responder com a precisão de quem tudo entendesse...

O caso é que, na resposta às nossas indagações acima, o "médium", ao pé de um trecho em português e assinado por Emmanuel, grafou umas dezoito linhas em inglês, também assinadas por seu guia.

Eis a íntegra dessa resposta:

"– Desejas perguntar-me mais alguma coisa... a Humanidade está vivendo dias bem amargurados... tudo representa, para os homens, confusão e dor... atordoados, não se compreendem uns aos outros... O que eu penso? O futuro e suas possibilidades?... Vamos lutar conjuntamente, confiando na misericórdia da Providência Divina. Dize a todos que, para o porvir, toda felicidade coletiva depende da cristianização: não a luta pela implantação de determinadas ideias religiosas, mas a compreensão perfeita do Evangelho de Jesus, o qual ainda representa o conjunto das leis de ouro. Somente da sua assimilação poderá emergir no mundo o esplendor de uma nova era. – Emmanuel.

My good friend. I consider terminated this experience's phasis with himself. Even in benefit of investigation either science, I cannot sacrifice the heath our Francis. We think you have encountered enough elements to remove all supposition from fraud.

To give one's self to truth is a beautiful work; notwithstanding, she has triumphed for herself. We judge to have a accomplished all our duties. Good bye. – Emmanuel".

O inglês de Emmanuel poderá parecer, aos puristas desse idioma, um "inglês não muito bom"... Aliás, o próprio guia já confessou, em carta anterior, não ser nenhum mestre nessa língua, o que é ainda agravado, na transmissão, pela deficiência do "aparelho", isto é, o "médium".

Em todo caso, foi satisfeito o nosso desejo de obter uma resposta "não em português".

Ela aí está e julgamos poder traduzi-la assim:

– "Meu bom amigo. Considero finda esta fase de experiência consigo. Mesmo no interesse da investigação ou da ciência, não posso sacrificar a saúde de nosso Francisco. Pensamos que tendes encontrado elementos suficientes para que seja afastada a suposição de fraude.

Dar-se alguém por si mesmo à verdade é bonito; não obstante ela tem triunfado por si mesma. Julgamos ter cumprido todos os nossos deveres. Adeus. – Emmanuel."

(*O Globo,* 04/06/1935.)

30

O ADEUS COMOVENTE DE HUMBERTO DE CAMPOS AO "MÉDIUM" HUMILDE DE PEDRO LEOPOLDO

Por que deixou de ser ouvido "o zumbir de colmeia do coração ressoante de compreensão e de beleza"

PEDRO LEOPOLDO, 27 (Especial para *O GLOBO*, por Clementino de Alencar) – Sem querer desfazer dos outros aspectos da produção psicografada por Chico Xavier, pareceu-nos, todavia, desde o primeiro momento, que um dos detalhes mais interessantes daquele conjunto de trabalhos "captados" pelo "médium", e talvez o que mais seduziu a curiosidade, a atenção e o gosto do público, foi, sem dúvida, as mensagens de Humberto de Campos.

Esse mesmo público, que era dele e numeroso como poucas vezes o terá conquistado um escritor, no Brasil, acostumara-se tanto, através dos últimos anos, ao consumo diário daquele brando pão espiritual que eram as suas crônicas e vinham tão pontualmente, saborosos e macios, da seara farta da sua emoção e do seu pensamento, que o imprevisto da sua falta, para o comovido repasto dos que se haviam habituado a escutá-lo, deixara para sempre, na recôndita memória emocional, a mágoa de uma carência tão sentida e sem remédio como resultaria, para o plano físico, à míngua desse outro pão claro e bom que os trigais ofertam, cada manhã, para a fome das nossas bocas.

Uma noite insondável e sem fim descera, de repente, sobre a seara maravilhosa, e o trigo dourado e abundante, amadurecido ao sol e ao orvalho daquela grande alma, abatera sob a mesma e pesada sombra que viera apagar, para sempre, o zumbir das abelhas inquietas e diligentes no coração cheio de mel do cajueiro frondoso...

Depois, os dias passaram, e o mal daquela míngua se ia adaptando ao irremediável, quando se deu essa espécie de milagre da revivência, com a voz comovida e amiga que chegava do Além.

Para lá das "grandes sombras invisíveis", julgaram os "vivos" divisar, na imprecisão e no mistério da imaterialidade, a ondulação dourada da seara perdida. Do fundo da memória recôndita e inapagada, a emoção estendeu de novo as mãos ansiosas.

E, como o ceifeiro que parte, apressado, em busca do trigo generoso onde palpita a promessa do pão, eis-nos aqui vindos e aqui postados junto ao pórtico do milagre para além do qual, de repente, tornou-se a ouvir o zumbido das abelhas ativas e inquietas.

Silêncio e espera

Infelizmente, o zumbido cessou, de repente também. Humberto não tem mais querido falar para aqueles, tantos e atentos, que acorreram de novo a ouvi-lo. As antenas, abertas para o Além, não acusam já o sinal do seu nome.

E à porta desse silêncio como ao pórtico daquele milagre, vimos quedar-nos, entretanto, porque, em todo o caso, essa mudez do Além deu uma justificativa e deixou uma esperança.

A última mensagem de Humberto

Quando após a nossa ida ao Rio, voltamos a Pedro Leopoldo, Chico Xavier nos mostrou a última mensagem que recebera com o nome de Humberto de Campos.

Psicografara-a na noite de 26 de abril passado.

É essa a mensagem que nos "dizia também respeito", conforme escrevíamos em uma de nossas primeiras mensagens, após o regresso a Pedro Leopoldo. E nela o cronista dos "Párias" nos dava a entender que iria suspender, por algum tempo, as suas mensagens sensacionais, em face da celeuma por elas provocadas e também do assédio da bisbilhotice...

Dava-nos, todavia, a certa altura, a esperança de restabelecer mais tarde o fio de suas comunicações com o mundo dos vivos. E foi nessa esperança que insistimos no decorrer das duas últimas sessões, em apelar para ele, mas inutilmente. Do seu retraimento, o cronista e o prosador da nossa saudade nada quis ceder. Ficou-nos apenas, para a sensibilidade encantada, mas insatisfeita, a dádiva dessa crônica derradeira que damos a seguir:

"Trago-lhe o meu adeus sem prometer voltar breve"

"Apreciando, em 1932, o "Parnaso de Além-Túmulo", que os poetas desencarnados mandaram ao mundo por intermédio de você, chamei a atenção dos estudiosos para a incógnita que o seu caso apresentava. Os estudiosos, certamente, não apareceram. Deixando, porém, o meu corpo minado por uma hipertrofia renitente, lembrei-me do acontecimento. Julgara eu que os bardos "do outro mundo", com a sua originalidade estilística, comprometiam-se pela eternidade da produção, no falso pressuposto de que se pudessem identificar por outra forma. Encontrando ensejo para me fazer ouvir através de suas mãos, escrevi crônicas póstumas que o Sr. Frederico Figner transcreveu nas colunas do "Correio da Manhã".

Não imaginei que o humilde escritor desencarnado estivesse ainda na lembrança de quantos o viram desaparecer. E as minhas palavras provocaram celeuma. Discutiu-se e ainda se discute.

Você foi apresentado como hábil fazedor de pastichos, e os noticiaristas vieram averiguar o que havia de verdadeiro em torno do seu nome.

Colheram informes. Conheceram a honestidade da sua vida simples e as dificuldades dos seus dias de pobre. E, por último, quiseram ver como você escrevia a mensagem dos mortos, como uma Remington acionada por dedos invisíveis.

Tive pena quando soube que iam conduzi-lo a um teste e recordei-me do primeiro exame a que me sujeitei aí com o coração batendo forte.

Fiz questão de enviar-lhe algumas palavras, como o homem que fala de longe à sua pátria distante, através das ondas de Hertz, sem saber se os seus conceitos serão reconhecidos pelos patrícios, levando em conta as deficiências do aparelho receptor e os desequilíbrios atmosféricos. Todavia, bem ou mal, consegui falar alguma coisa. Eu devia essa reparação à doutrina que você sinceramente professa.

Esperariam, talvez, que eu falasse sobre os fabulosos canais de Marte, sobre a natureza de Vênus, descrevendo, como os viajantes de Jules Verne, a orografia da Lua. Julgo, porém, que, por enquanto, me é mais fácil uma discussão sobre o diamagnetismo de Faraday.

Admiraram-se, quando enxergaram a sua mão vertiginosa correndo sobre as linhas do papel.

A curiosidade jornalística é agora levantada em torno da sua pessoa. É possível que outros acorram para lhe fazer suas visitas. Mas ouça bem: não me espere como a pitonisa de Êndor, aguardando a sombra de Samuel, para fazer predições a Saul sobre as suas atividades guerreiras. Não sei movimentar as trípodes espiritistas e se procurei falar naquela noite é que o seu nome estava em jogo. Colaborei, assim, na sua defesa. Mas, agora que os curiosos o procuram na sua ociosidade, busque você, no desinteresse, a melhor arma para desarmar os outros. Eu voltarei provavelmente, quando o deixarem em paz na sua amargurosa vida.

Não desejo escrever maravilhando a ninguém e tenho necessidade de fugir a tudo o que tenho obrigação de esquecer.

Fique, pois, com a sua cruz, que é bem pesada, por amor d'Aquele que acende o lume das estrelas e o lume da esperança nos corações. A mediunidade posta ao serviço do bem é quase a estrada do Gólgota; mas a fé transforma em flores as pedras do caminho. Li aí, certa vez, num conto delicado, que uma mulher em meio de sofrimentos acerbos apelara para Deus, a fim de que se modificasse a volumosa cruz da sua existência. Como a filha de Cipião, vira nos filhos as joias preciosas da sua vaidade e do seu amor, mas, como Níobe, vira-os arrebatados no torvelinho da morte, impelidos pela fúria dos deuses. Tudo lhe falhara nas fantasias do amor, do lar e da ventura.

– Senhor – exclama ela –, por que me deste uma cruz tão pesada? Arranca dos meus ombros fracos esse insuportável madeiro!

Mas, nas asas brandas do sono, a sua alma de mulher viúva e órfã foi conduzida a um palácio resplandecente. Um Anjo do Senhor recebeu-a no pórtico, com a sua bênção. Uma sala luminosa e imensa lhe foi designada. Toda ela se enchia de cruzes. Cruzes de todos os feitios.

– Aqui – disse-lhe uma voz suave – guardam-se todas as cruzes que as almas encarnadas carregam na face triste do mundo. Cada um desses madeiros traz o nome do seu possuidor. Atendendo, porém, à tua súplica, ordena Deus que escolhas aqui uma cruz menos pesada do que a tua.

A mulher escolheu, conscienciosamente, aquela cujo peso competia com as suas possibilidades, escolhendo-a entre todas.

Mas, apresentando ao Mensageiro Divino a sua preferência, verificou que, na cruz escolhida, encontrava-se insculpido o seu próprio nome, reconhecendo a sua impertinência e rebeldia.

– Vai – disse-lhe o Anjo – com a tua cruz e não descreias! Deus, na sua misericordiosa justiça, não poderia macerar os teus ombros com um peso superior às tuas forças.

Não se desanime, portanto, na faina em que se encontra, carregando esse fardo penoso que todos os incompreendidos já carregaram. E agora que os bisbilhoteiros o procuram, trago-lhe o meu adeus, sem prometer voltar breve.

Que o Senhor derrame sobre você a sua bênção que conforta todos os infortunados e todos os tristes. – Humberto de Campos."

A moeda eterna

Eis aí.

Quebrou-se – até quando? – não nos saberíamos dizer – o fio milagroso.

Os nossos apelos, mau grado o poder das antenas incomparáveis que os expediram da Terra, perderam-se, de certo, no "sem rumo" dos planos infinitos e resplandecentes.

Humberto não voltou.

Fa-lo-á um dia?

Quem sabe?

Mas não faz mal, Humberto. A admiração comovida dos homens manter-se-á apesar do teu silêncio, ainda que ele seja longo, ainda que ele não tenha fim.

Como tu mesmo disseste uma vez, nas tuas crônicas da Terra, sendo essa admiração a única e verdadeira "moeda de ouro do reino" das letras e da imaginação criadora, "essa moeda, às vezes, tem o cunho da Eternidade..."

E um dia, se tu voltares, ela, por certo, ainda estará circulando, para tua glória e teu consolo.

31

Berthelot, o frio pesquisador da matéria, fala-nos agora do filamento imponderável que une o visível ao invisível, o finito ao infinito!...

"Dentro do psiquismo hodierno desenvolve-se o embrião promissor da química espiritual que há de trazer a renovação moral, social e política do orbe" – diz-nos, nas mensagens de Chico Xavier, o criador da Termoquímica

PEDRO LEOPOLDO, 29 (Especial para *O GLOBO*, por Clementino de Alencar) – A acentuada palpitação que, nas últimas semanas, vinha caracterizando as quartas-feiras de Pedro Leopoldo, juntando ao movimento normal da cidade-menina já de si viva e alegre, uma nota nova de ansiosa expectativa, sofreu hoje sua primeira solução de continuidade.

Não se realizou a sessão espírita na residência de José Cândido.

O caso não foi propriamente imprevisto, e sua possibilidade se veio esboçando desde a sessão passada, quando o guia Emmanuel, referindo-se ao enorme dispêndio, por parte do "médium", de forças neuropsíquicas, através de reuniões muito numerosas e repetidos testes durante a semana, apontava a necessidade de se entregar Chico Xavier a, pelo menos, um pequeno período de repouso.

Realmente, observamos que o "médium", nos dois últimos dias, apresentava-se um pouco abatido e não seríamos nós que iríamos desviá-lo da sua intenção de ligeiro repouso.

Muita gente, entretanto, não acreditava que a sessão de hoje se deixasse de realizar. Por isso mesmo, fomos dos que, sem insistência embora, ficaram na expectativa. Mas, pela manhã, Chico Xavier, obedecendo afinal à necessidade de descanso e às recomendações do seu guia, comunicava-nos que se retiraria, por alguns dias, para a chácara de um seu cunhado sita a cerca de 40 minutos daqui.

Convém observar que, além do esforço despendido nas sessões e testes, Chico Xavier experimentava o cansaço físico resultante das vigílias e cuidados outros a que o obrigava o estado de saúde de seu patrão e padrinho, José Felizardo.

Algumas viagens perdidas

Em virtude da incerteza em que ficamos, até ao último dia, sobre se a reunião se realizaria ou não, também não nos foi possível divulgar, com a necessária antecedência, o que se verificou: a não realização.

Por isso, várias foram as pessoas que vieram de fora, para assisti-la. Assim, aquela palpitação característica das quartas-feiras de Pedro Leopoldo, a que acima nos referimos, sempre se renovou um pouco, ao cair da noite, mas inutilmente.

Berthelot fala-nos sobre a sobrevivência do ser consciente

Passada essa hora de palestras mais animadas, e quando os visitantes já se haviam retirado, voltamos ao silêncio do nosso quarto e ali, mais uma vez, debruçamo-nos sobre o "arquivo" do "médium", acrescido agora de pequena parte suplementar, um caderno no qual Chico Xavier começara a copiar uma coletânea de mensagens recebidas de um ano para cá.

Entre estas, figura a comunicação de Berthelot a que já fizemos referência e que nos parecem ser algumas das páginas mais notáveis constantes do "arquivo".

Nelas, o grande químico, o rigoroso e frio pesquisador da matéria, o estudioso profundo da formação dos "princípios imediatos", criador quase que exclusivo da termoquímica, lança uma palavra nova e imprevista de crença espiritualista sobre o panorama da sua vida terrena e da sua obra de rigorosa e vasta análise racionalista.

"... e, como qualquer homem, também morri"

Damos, a seguir, essa mensagem de Marcelin Berthelot, à qual intercalamos alguns subtítulos para melhor destaque de seus trechos mais interessantes:

"Também vivi no cenário do mundo e sobre ele vulgarizei os meus pensamentos e os meus estudos, como qualquer outra personalidade consciente de si mesma, desobrigando-se dos seus deveres de cooperação e solidariedade, e, como qualquer homem, também morri.*

Quando na Terra, esse intróito das minhas palavras, partido de outrem, feriria de certo as minhas convicções, porquanto implicaria uma afirmação dogmática e abusiva, excessivamente abstrata em relação aos métodos indutivos das minhas indagações científicas; mas, como todos os recursos da lógica humana se retraem, nulificam-se diante dos fenômenos metafísicos em sua maravilhosa incognoscibilidade, pude reconhecer ali mesmo que as ciências positivas abrangem apenas a fração exteriorizável das ciências ideais, em cujo centro reside a energia causal da vitalidade do Universo.

Intoxicação de materialismo

Com efeito das minhas perquirições nos domínios do palpável, o Materialismo intoxicou grande parte das minhas obras, porque, baseando-se os meus métodos na exclusão de todas as hipóteses prováveis, para somente admitir as realidades físicas que o racionalismo positivista me oferecia, logicamente não me fora possível aceitar a sobrevivência do ser-consciência dentro da doutrina do paralelismo psicofisiológico e tão pouco prever o estado de infinita radiação da matéria, fora dos fenômenos termoquímicos; contudo, a despeito de todos os preconceitos, havia no fundo do meu Espírito a presciência desse novo gênero de vida que me atinge, uma crença vaga, informe, revelada nas proporções das minhas teorias de unidade que envolviam todo um sistema monístico no domínio dos problemas espirituais.

O filamento impoderável que une o finito ao infinito

Nunca descobri a conexão entre o Nada e o Pensamento, estudando as mais complicadas sínteses orgânicas, excogitando os enigmas das combinações e decomposições dos corpos, sondando as propriedades

---

* Com essa última afirmativa e com a declaração mais adiante: "amei, sobretudo, a vida", é provável que o célebre químico francês Marcelin Berthelot (1827-1907) teve a intenção de afastar a versão de suicídio, que foi defendida por alguém, quando de sua desencarnação, ocorrida apenas uma hora depois do falecimento de sua esposa. (Veja detalhes desta questão no artigo "Estudo da obsessão indutora de suicídio na obra de moderno poeta português", do Dr. Elias Barbosa, *Anuário Espírita* 1988, p. 63.) (Nota do Org.)

da energia e do calor, escrutando todos os fatos de laboratório, e no seio da química em sua generalidade; e, desde a matemática elementar às matemáticas puras, no vestígio de todas as ciências que, ligando fatos, coordenam argumentos glorificadores da matéria, apresentando-a como base permanente de todas as expressões e sensações da vida, a lógica intuitiva demonstrava-me o filamento imponderável que une o finito ao infinito, o visível ao invisível.

"E foi por isso que a minha filosofia foi amarga"

É certo que a ciência me induziu a desprezar todas as investigações do impalpável, consubstanciado no monumento das causas profundas, evitando os recursos metafísicos, oriundos de pretensas arbitrariedades mateológicas, os quais, ela, na sua rigorosa análise racionalista, abandonava aos estudos afetos às religiões irmanadas no seu maravilhoso sincretismo; e foi por essa razão que o meu Espírito inutilmente se torturou na Terra, entre dúvidas angustiosas, e a minha filosofia foi amarga, tornando-se, aí, incompreendida.

Hesitações que valem como princípios fundamentais da crença

Pode-se consagrar a existência aos estudos; porém, dedicando-me inteiramente às minhas lides científicas no labor sagrado da Humanidade, amei, sobretudo, a vida, e, de poderosas razões de sentimento, nasceram as minhas hesitações que bem equivalem por princípios fundamentais de crença.

Um materialista em busca da fé

Fui um materialista que se desvelou na procura da fé religiosa que lhe ofertasse um alicerce estritamente positivo. Não a alcancei aí e, martirizando a minha inteligência, dediquei às cogitações da matéria todos os meus esforços e energias.

Agi mal... Agi bem...

Agi mal? Agi bem?

Estudando o meu próprio trabalho, agi mal, porquanto poderia realizar muito mais pelo progresso humano; e agi bem porque só a verdade me interessou, constituindo o sopro da minha atividade laboriosa e o alvo de todos os meus desejos.

A defesa das consciências contra o absurdo dogmático

Indistintamente, os homens, de maneira coletiva, colaboram no edifício da evolução comum, e cada um deles representa um papel, individualmente considerado, o qual repercute no todo; a teoria do Positivismo, se é suscetível de envenenar alguns Espíritos que se caracterizam por lamentável amorfia, assegura um passo a mais da Humanidade na estrada de sua ascensão. Foi o único reduto defensivo das consciências, opondo uma negativa reiterada e extrema ao absurdo dogmático, inda mais nocivo ao Espírito humano, considerado em todos os seus aspectos e esferas de ação. Através da indutilidade dos seus métodos de aprendizado, escalpelando acontecimentos, partindo do particular para o geral, sem ilações que confundam o raciocínio, chegará ao ponto limítrofe, entre o físico e o transcendente, o que já se esboça com os estudos metapsíquicos efetuados, e onde se estabelecerá, definitivamente, a existência de uma causa inteligente e ativa, reintegrando a matéria no lugar de elemento passível que lhe cabe.

E a ciência e a religião se reunirão em Deus

Estabelecida essa causa, a ciência e a religião, divorciadas pela fé cega e pelos realismos incontestes, reunir-se-ão em Deus, origem suprema de toda a Vida.

A perspectiva imensa que se abre com a morte

Na existência terrena, vivemos o combate das ideias e das coisas, cujo objetivo é o aperfeiçoamento geral dos seres.

Todos os homens e sistemas possuem aí doses de ilusão e de certeza. A morte, todavia, transformação fundamental de todas as coisas, é o sopro ciclópico de realidades absolutas, descortinando ao Espírito a perspectiva imensa da ciência universal. Transpostos os seus umbrais, é que reconhecemos a positividade dos elementos subjetivos que formam a ciência ideal, tocando os sentimentos em suas substâncias vivas, estudando a Verdade em seus fundamentos intrínsecos, porque somente com a reivindicação de nossa liberdade podemos assimilar o Espiritualismo, isento de dogmatismos incoerentes e de absurdos afirmativos que entorpecem o Espírito no seu nobilíssimo propósito de estudar e compreender a Vida em suas facetas multiformes.

O embrião promissor da química espiritual e da renovação

São tais as matérias intangíveis que cercam o homem terreno, sem que ele as consiga apreender, que as suas capacidades perceptivas se reduzem a um aglomerado de imagens enganadoras; compete à ciência utilizar-se de todas as suas faculdades inventivas, perquirir todos os fatos observáveis, enumerá-los, concatená-los, esforçar-se abnegadamente pelo progresso geral, porquanto se encontra na antecâmara da fé positiva, para cuja concretização caminham todos os ideais humanos da atualidade; dentro do psiquismo hodierno, desenvolve-se o embrião promissor da química espiritual que há de trazer a renovação moral, social e política do orbe, sintetizada no socialismo cristão que todos os sistemas religiosos aguardam como índice de uma nova era; e que todos os estudiosos concorram com o seu trabalho pelo monumento grandioso do porvir da Humanidade, mourejando, inda que com sacrifício, na tarefa bendita da reforma que se espera, cumprindo um dever de solidariedade fraterna.

Como sempre, no rumo das verdades eternas

A maneira abstrata, através da qual veiculo a minha palavra, oferece poucos elementos de base à credibilidade alheia; porém, não há necessidade de qualquer certificado personalista, já que, como outrora, só a verdade me guia e impulsiona, indene de todas as preocupações pessoais. As essências dessa mesma Verdade não as receberão talvez como emanantes da minha individualidade sobrevivente; todavia, elas constituem indefectível lição.

A ciência nos aproximará de Deus

O positivismo científico evolui para as realidades estáveis do Universo, penetrando as causas supremas da existência, decifrando todos os enigmas do destino e do ser, estabelecendo a unidade das almas nas aspirações evolutivas, e que todos os seus corifeus se convençam, como Bacon, de que a muita ciência nos aproxima de Deus e a pouca ciência afasta-nos dele.

M. Berthelot."

32

NO OUTRO MUNDO TAMBÉM SE MORRE...

Uma impressionante narração da morte física de Emmanuel

PEDRO LEOPOLDO, 4 (Especial para *O GLOBO*, por Clementino de Alencar) – Pouco antes de Chico Xavier entrar no período de repouso a que se entrega presentemente, levamos a ele, à noite em sua casa, uma pergunta sugerida pela leitura da mensagem de Emmanuel intitulada "O corpo espiritual", e por nós publicada.

Embora já se houvesse declarado a necessidade de seu descanso, o "médium" aquiesceu em tentar uma rápida comunicação com o seu Espírito protetor, a fim de apresentar-lhe a nossa consulta.

A tentativa, realizada em condições idênticas às da em que fizéramos as perguntas em inglês, foi bem-sucedida.

Emmanuel atendeu-nos.

O fenômeno da reencarnação

Apresentamos então ao "médium", escrita, esta pergunta:

"Para Emmanuel – O corpo espiritual preexistente, segundo a vossa mensagem a respeito, é que orienta, por assim dizer, todas as ações plásticas do desenvolvimento fetal. Ora, se o espírito acompanha a vida embrionária, perguntamos: Desde quando está ele presente? Como acompanha ele esse desenvolvimento? Desde a fecundação está o espírito presente e preso à matéria? Isto é, no mesmo estado em que ficará durante o período de sua encarnação?

Emmanuel fala-nos, pela primeira vez

A resposta, pronta como de costume, veio-nos, entretanto, esta vez, de forma diferente.

Se quando o "médium", em outras ocasiões, psicografava as mensagens, nós poderíamos dizer "Emmanuel escreve", agora, em face da resposta à pergunta acima, vemo-nos forçados a afirmar: "Emmanuel falou-nos".

Realmente, pouco depois de apresentarmos a pergunta, o "médium", manifestando-se desta vez puramente auditivo, e depois de comunicar-nos que o guia acede em responder-nos, põe o lápis de lado e fala-nos assim:

– Desde o momento da concepção, começa a ligação entre o Espírito e a matéria, que ele irá animar em seu novo período de existência terrena.

A seguir, observa-nos Emmanuel que essa volta do Espírito ao "momentâneo esquecimento", essa reencarnação não é acidental ou arbitrária: está dentro de leis eternas de evolução. E prossegue:

– Aliás, o Espírito, nos planos onde nos encontramos, conhece quando se aproxima o momento desse "regresso", por esta espécie de aviso: ele sente um atordoamento singular que se vai acentuando à proporção que, nos planos terrenos, efetiva-se a concepção. Efetivada esta, inicia-se, então, a ligação entre a matéria e o Espírito: este perde, afinal, a consciência de sua vida nos nossos planos. É como um sono profundo.

A morte no Além...

Esse processo de ligação, segundo nos diz ainda Emmanuel, é um pouco demorado, durante o período de gestação.

A grande sensibilidade que caracteriza as mães nessa fase, as perturbações que então lhes ocorrem, os fenômenos da mancha, etc., tudo, segundo o guia, é devido à incidência, sobre a matéria, dos fluidos dirigidos por seres espirituais superiores e protetores do Espírito que volta à existência terrena e daquela que concebe o seu invólucro mortal. Dado o regime das afinidades, que envolve todas as manifestações da vida espiritual, torna-se também de certo modo influente, nesse período de ligação, o estado d'alma da gestante.

Encontra, certamente, base nessa circunstância a ideia, para muitos considerada "lenda", de que os filhos da ventura e da alegria do verdadeiro amor são mais belos, fortes e equilibrados do que os originados de contatos mais alheios à vida sentimental.

Concluído, por fim, o processo de ligação, o Espírito desprende-se de todo da existência nos planos infinitos da Espiritualidade pura.

Está consumado o fenômeno que, na linguagem terrena, pode ser assim exprimido: a morte no Além...

Finda essa exposição, Emmanuel promete-nos "desenvolver oportunamente o tema, em mensagem mais detalhada, quando as circunstâncias forem mais favoráveis ao meu trabalho, levando-se em conta o estado de esgotamento do médium."

A outra morte, para a volta ao Além

Como complemento interessante à exposição acima, damos, a seguir, os trechos de uma anterior mensagem recebida em 1934, e nos quais Emmanuel narra as sensações que experimentou na outra morte, a deste mundo, aquela que pôs termo à sua existência terrena ou no "momentâneo esquecimento" da linguagem dos Espíritos.

Nesses trechos, conforme se verá, o guia faz ligeira revelação sobre a identidade que teve na Terra.

"Sacerdote católico que fui"

Eis o que nos diz Emmanuel sobre sua morte:

"Minha agonia não foi prolongada, apesar da moléstia física que me prostrou o organismo combalido na luta, por muitos dias; sacerdote católico que fui em minha derradeira existência, tive a felicidade de conservar integérrimos os meus sentimentos de fé, até o supremo minuto.

A princípio, experimentei a paralisia parcial dos meus órgãos, que se sentiam avassalados por uma onda de frio, e os meus padecimentos corporais localizavam-se em diversos pontos orgânicos, recrudescendo assustadoramente. Afigurava-se-me que todas as glândulas, mormente as sudoríferas, trabalhavam com excesso para eliminar algo de intoxicante e destruidor que se apossava dos meus centros de força; minha vontade dominadora enviava as suas últimas mensagens ao sistema nervoso, e a fé, nesses martirizantes segundos, constituiu para mim uma alavanca prodigiosa de amparo e controle. Sentia que todas as minhas vísceras, todos os meus nervos, desenvolviam uma atividade exortante para que se não apagasse a derradeira centelha de vida que os mantinha coesos, evitando assim a fuga de minh'alma. Notei, porém, que uma nuvem esbranquiçada ia-se formando ao meu lado, justaposta ao meu corpo e, quando orava fervorosamente, via aumentar-se com fragmentos da mesma matéria fluídica que me era desconhecida e que se me afigurava composta de infinitésimos átomos luminosos, distendendo-se aqueles fragmentos fantásticos que os meus olhos divisavam estupefatos, sem poder articular mais um vocábulo, sentindo a glote coberta de intumescências, experimentei-me na posse de uma visão e audição extraordinárias, como se me encontrasse dentro de outra vida, perdurando esse estado com intermitências; senti, porém, que se passava em mim algo de superordinário. Uma sensação intraduzível de sofrimento me subjugava, todavia, simultaneamente, afigurava-se-me que muitas mãos pousavam sobre a minha epiderme, como se me submetessem a operações mesméricas."

Preparando o Espírito do "morto"

Mais adiante, dando-nos a entender que, no Além, a alma atravessa uma fase durante a qual Espíritos protetores, no sentido talvez de lhe evitar um choque, preparam-na, habilmente, para a revelação da sua morte terrena, diz nos Emmanuel:

"Adormeci numa noite sem visões e sem sonhos; passada, porém, uma fração de tempo que não me é possível precisar, acordei-me sobre um leito alvíssimo como se fora obrigado a repousar em uma cama higiênica de hospital; rajadas de ar puro sutilíssimo inundavam o meu aposento, onde eu experimentava um inexprimível bem-estar. Curado? Como se operara o milagre? Sentia-me restabelecido, com a minha saúde integral, com serenidade invejável aliada a uma ótima disposição para a vida e para a atividade.

Onde estariam os meus familiares que não se abeiravam do meu leito para me felicitar pela obtenção de tão preciosa dádiva divina? Chamei-os nominalmente, empolgado pelo júbilo que fazia vibrar todas as fibras de minh'alma. Eis que se me apresentou alguém, trajado como se fosse um médico vulgar e aconselhou-me repouso absoluto e absoluta serenidade de ânimo.

Inquiri-o sobre os seus miraculosos processos de tratamento; todavia, o interpelado, alçando a destra para o Alto, respondeu com paciência e brandura: – "Tende calma. Não estais sendo tratado segundo a nosologia clássica".

Prescreveu-me conselhos morais e salutares advertências. Aí

permaneci ainda por algum tempo e tive oportunidade de notar, com admiração justificável, a atuação da minha vontade sobre todos os elementos que me cercavam; recordo-me firmemente do meu crucifixo de prata pendido constantemente sobre a minha cabeceira, e eis que, no local de minha preferência, atendendo ao meu desejo veemente, apareceu-me esse objeto de estima. Tomei-o admirado em minhas mãos, apalpando-lhe os contornos e inquirindo se não era vítima de um fenômeno alucinatório e, como inúmeros fatos semelhantes ocorreram, eles me obrigavam a meditar sobre a influência do meu pensamento nos fluidos e matérias circunstantes.

Pouco a pouco, entidades zelosas e protetoras encaminharam-me para o conhecimento do meu próprio "eu" no "post-mortem", até que cheguei a compreender essa transformação da existência corporal como uma bênção divina.

Pude então gozar de afetos ilibados que jamais deixara sob o pó do esquecimento, revendo seres bem amados e almas queridas".

A mensagem de que tiramos esse trechos tem a data de 15 de maio de 1934.

33

Através da janelinha de Chico Xavier, Eça de Queiroz gesticula e fala para o mundo!

Crise de gênios, por excesso... – Subconsciência, mediunismo, loucura, simulação ou estupidez? – Se Sêneca voltasse ao mundo... – Napoleão, fabricante de louças...

PEDRO LEOPOLDO, 5 (Especial para *O GLOBO*, por Clementino de Alencar) – Embora Chico Xavier esteja, hoje, em Pedro Leopoldo, não é muito certo que se realize, logo à noite, a sessão semanal na casa de José Cândido.

Foi, pelo menos, a impressão colhida durante a visita que fizemos esta manhã ao "médium".

Ele ainda não se considera restabelecido e está, ao que parece, disposto a voltar, por mais alguns dias, para o retiro onde passou parte da semana última.

Não se pense, porém, que, ao demonstrar uma tal intenção, Chico Xavier tome qualquer atitude de gente "importante", de político em evidência, de general vitorioso ou de santo canonizado em vida que porventura nos dissessem:

– Agora não posso atendê-los. Vou para a estação de águas...

Nada disso. Quem nos fala é ainda o mesmo caixeirinho simplório de calças remendadas e que, de vez em quando, interrompe a frase para "despachar" um freguês, pesando-lhe um pouco de farinha ou embrulhando-lhe uma talhada de sabão.

Um mês e pouco de publicidade, comentários, revelações e discussões em torno de seu nome não abalaram em nada sua humildade, sua despretensão e seu desprendimento.

E, quando ele nos diz que precisa ainda descansar algum tempo, percebemos que, a par de seu cansaço, move-o também a intenção de voltar à sua obscuridade modesta e tranquila.

Eça de Queiroz no "arquivo" de Chico Xavier

Assim, enquanto passam as horas, sobre a nossa incerteza quanto à realização da sessão espírita esta noite, voltamos ao "arquivo" do "médium".

Essa incerteza não a quisemos desfazer com indagações precisas, propositadamente; dizem-nos, aqui, que Chico e José Cândido, assim como os outros demais adeptos da doutrina nesta região, dificilmente se privariam, por longo tempo, do ato religioso que para eles representam as sessões.

Assim, admitindo a possibilidade de uma determinação deles, no sentido de efetuar-se o ato, não quisemos provocar uma negativa com insistências de repórter.

E agora vamos colher, no "arquivo", algumas páginas que trazem ao pé o nome de Eça de Queiroz.

São duas as mensagens que ali encontramos, do autor dos "Maias", e ambas relativas quase que ao mesmo assunto: as opiniões expedidas por "vivos" em torno do "Parnaso de Além-Túmulo", publicado em 1932.

Não se poderá negar que, em certas passagens, julga-se encontrar, através dessas páginas, a frase saída dos lábios de Fradique: "talhados para a ironia e para o amor", mas, no caso presente, unicamente quando eles se entreabriam para os prélios da ironia.

Deixando, porém, o julgamento a respeito a cargo daqueles mais familiarizados com a maneira do Eça e mais conhecedores dos lavores criados pelo seu estilismo, passaremos a transcrever algumas das páginas aludidas.

Julgando opiniões

É esse o título que traz uma das mensagens com que Eça se dirige ao "médium":

"Meu caro.

Após a publicação do teu e nosso livro, abundaram as opiniões com respeito à tua personalidade. Embora já tão conhecidas as questões espíritas, não faltou quem te considerasse um sujeito anormalíssimo, apesar de constituir o teu caso de mediunidade um fato vulgaríssimo, portas a dentro da psicologia, definido pelos psiquiatras, entendidos na matéria, que classificam, sem admitir contestação, o problema mediúnico dentro do subconsciente como um quisto metido em álcool para estudo.

Alguns se abalançaram a crer que somos nós quem escreve através dos teus dedos; outros, porém, honraram a tua cabeça com uma privilegiada massa encefálica. Outros ainda, concedendo-te um extraordinário poder de assimilação e uma esquisita multiplicidade de característicos individuais, viram na tua faculdade uma questão simplíssima de inteligência, não obstante a acusação de outrem de que conseguiste apenas nos desfigurar e empobrecer. Tudo está bem.

Subconsciência, mediunismo, psicopatia, loucura, simulação, anormalidade, fenômeno, estupidez ou espiritomania. O que é certo é que apreciaste os nossos desarrazoados, e nós nos comprazemos na tua janelinha, através da qual gesticulamos e falamos para o mundo; e, se almas caridosas têm vindo para espicaçar-lhe o desejo de uma beatitude celestial para cá da morte, aplicando sedativos às suas chagas purulentas, não me animam semelhantes objetivos. Não lhe darei consolações nem conselhos. Grande soma de desprezo pude acumular felizmente pela sua vida detestável, onde a púrpura disfarça a gangrena. Deus não me deu ainda a funda de David para vencer esse eterno Golias da iniquidade. Não é porque eu tenha sido aí um santo, o que não fui. Ambientes existem que revoltam certas individualidades, em amoldá-las ao seu modo e fora do abismo, experimenta-se o receio de uma nova queda.

Crise de gênios...

Os meus escritos póstumos são apenas sinônimos de amistosas visitas. E, como há quem te assevere serem as nossas produções expressões da tua genialidade, quiçá da tua fertilidade imaginativa, resolvi prevenir-te para que não te amofinasses de orgulho como abóbora seca, a chocalhar as suas pevides, porque os gênios hoje constituem raridades. Há crise deles atualmente. Crise oriunda do excesso como todas as crises hodiernas.

O ouro desaparece, permanecendo somente na moeda fiduciária, em muitos países, por inflações de crédito ou por exuberância da produção. As nacionalidades estão depauperadas porque possuem demasiadamente; são vítimas da sua abundância e do descontrole.

A crise de gênios tem a sua origem na superabundância deles. As academias fabricam-nos às dúzias e a concorrência intensifica a vulgaridade.

Gênios e póstumos...

Acompanhemo-los desde os seus pródromos. São crianças nervosas, irritadas. A mãe dá-lhes tabefes. Mas os amigos da família pontificam. Aquelas traquinadas são os prenúncios de uma genialidade sem precedentes e citam os casos de inteligência precoce de que são sabedores. Os fedelhos são como quaisquer outros. Mais tarde, os rapazes cursam uma Academia que faz anualmente uma desova de celebridades. Aprendem lexicologia, esmerilhando clássicos, algo de geografia física, política, história, economia e matemática, algumas noções gerais e os alfaiates ou o adelo rematam a obra. Inflados de sapiência, de estudos especializados, são Spinosa em filosofia, Harvey em medicina, expoentes máximos do Direito em ciências jurídicas. Não vivem, porém, polindo lentes para viver ou perseguidos pelos colegas. Andam com os estômagos reconfortados, numa quase homogeneidade pasmosa, aos magotes, exibindo títulos, à cata de comesainas, apadrinhados, tutelados, pois que geralmente são saídos do ventre rotundo e inchado da politicalha de ocasião. De posse dos seus diplomas, os nossos heróis se sacrificam, com denodo, freneticamente. Por idealismos? Não. Buscam pouso na burocracia. E o conseguem. Abdicam então das suas faculdades de raciocínio e reclamam o azorrague de um político que os comande. Transformam-se em azêmolas indiferentes, passivas. Temos aí quase a totalidade dos gênios da época. À sombra da acolhedora máquina do Estado, engordam e apodrecem, pensando pela cavidade abdominal; gastrônomos e artistas têm o cérebro curto e o ventre dilatado, enorme.

"Não busques ser o gênio, Sê o apóstolo"

São inteligências enciclopédicas que apenas sofrem de dispepsias e que daqui se nos afiguram como feiras de aptidões e consciências. Correm aí atrás de tudo o que signifique o seu mundaníssimo interesse e vivem segundo as oportunidades.

Idiotas, abandonam a vida material como suínos. E é de se ver os esgares e trejeitos desses patifes quando acordam na vida real.

Desejaria que houvesse um local isolado, circunscrito, conforme os tratados de teologia católica, onde Lúcifer, com os seus sequazes, destilasse-lhes as gorduras envenenadas a fogo ardente.

De qualquer forma, porém, temos aqui o serviço ativo de saneamento espiritual sem infernos ou purgatórios literais. Graças a Deus.

E, como a vida desse mundo é repleta de coisas transitórias, esperamos que o reconheças, desempenhando todos os teus deveres cristãos. Que outros se enriqueçam e se locupletem. Procura as riquezas d'alma, os tesouros psíquicos que te servirão na Imortalidade.

Não busques ser o gênio. Sê o apóstolo."

Ironia e pessimismo póstumos

Na outra mensagem, como que justificando a maneira que ainda caracteriza sua produção, no Além, em face da feição, às vezes, evangélica, assumida pela obra poética vinda de lá, diz o prosador da "Ilustre Casa":

"E infelizes dos que nasceram para conviver com as musas, que são pessoas que não conheço, nem cujos favores solicitei na vida transitória daí; porém, como somos obrigados a aderir às teorias deterministas, posso ter nascido na Terra predestinado à ironia e ao chiste, interessando-me por uma questão de afinidade com as chocarrices dos nossos colegas deste cantinho que em boa hora deixamos, conforme asseveram, para o nosso e seu bem. Todavia, como já não continuo escrevendo as "Cartas da Inglaterra", datadas de Portugal, nem trazendo ao público "A ilustre Casa de Ramires", ou em desentendimento com as casas editoras da minha heroica pátria portuguesa ou mesmo da França, pouco se me dá que a ironia ou o pessimismo sejam os característicos das minhas opiniões póstumas."

A necessidade do fantástico

Mais adiante diz, sobre o aspecto assumido pelas manifestações dos escritores do Além:

"E clamoroso perigo é o fato verificado de que esses mortos são, em geral, os mesmos seres da Terra, conscientes, pensantes e conservando identidade de gostos e opiniões, o que se afigura aos homens uma condenação perene e um eterno círculo vicioso, onde se agitarão, para a consumação dos evos, os desgraçados que partiram.

Não. Faz-se mister que a morte seja o sobrenatural, o fantástico, o Lethes, onde se opere a imersão da alma, um maravilhoso banho mitológico, de onde se escape o Espírito mais rude e ignorante, como um sábio transudando lições e virtudes.

Auscultando a verdade, tremem ou sorriem os vivos, diante da existência das almas, e inquirem se Anchieta ainda estará cantando, para cá, às excelsitudes do Espírito da Virgem Maria, em língua tupi, ou se Luiz de Camões se conserva ainda celebrando os brilhantes feitos da alma lusitana, como um legítimo propagandista, no "outro mundo", da terra portuguesa, arrebanhando turistas e captando loas para Vasco da Gama, junto à imprensa de Marte e, provavelmente, de Júpiter.

É possível."

Admitindo depois, como natural, "se o grande Sêneca decidisse volver ao mundo para ensinar como se devem cultivar plantas dicotiledôneas, em companhia do seu discípulo e algoz que deveria recitar parêneses; e se Napoleão regressasse dos Inválidos para mostrar o processo de fabricar louças", acha o Eça do Além:

"Dessa forma, o fenômeno seria tão corriqueiro que se tornaria indigno de apreço. É preciso que o mesmo camponês que emigre da sua aldeia miserável para a Sorbonne, lá se conserve por decênios consecutivos e, regressando depois ao seu rincão natal, dirija-se aos seus conterrâneos, habituados a colher e a trincar peixes podres com um vocabulário de cem palavras, e se esfalfe no trabalho de esclarecê-los sobre as teorias de Spencer e de Kant, para que os seus patrícios esbocem, "à la manière", um sorriso de incredulidade.

Eu é que não me sinto disposto à semelhante inclinação; é mais razoável que os párocos e beatos nos expulsem como demônios para o Marão."

34

"Todo o organismo social marcha para o coletivismo, dentro do qual todo o porvir humano está esboçado"

A causa fundamental das revoluções – As religiões desviaram-se de sua finalidade e a política não representa a evolução das coletividades – Armas perigosas em mãos de crianças... – Sociologia e anúncio

PEDRO LEOPOLDO, 6 – (Especial para *O GLOBO*, por Clementino de Alencar) – Pouco depois da publicação, em nossas edições de 25 de maio último, das páginas psicografadas por Chico Xavier em resposta às proposições apresentadas pelo banqueiro Francisco Teixeira da Costa, e relativas a problemas econômicos e financeiros, alguém nos dissera que, além daquelas respostas, o "médium" teria recebido também outras destinadas ao mesmo consulente e versando sobre questões de sociologia.

O fato de, quase ao mesmo tempo que isso nos era comunicado, se haver o "médium", pelos motivos já expostos, retirado por alguns dias para uma chácara fora de Pedro Leopoldo, impediu-nos de obter imediata confirmação da existência de tais páginas.

Com o regresso de Chico Xavier, tocamos no assunto, e ele então nos confirmou a comunicação que tivéramos: uma resposta sobre sociologia e destinada ao Sr. Francisco Teixeira da Costa fora também psicografada na mesma semana da outra, sobre problemas econômicos e monetários, mais ou menos nas mesmas condições em que se dera a recepção da última.

Mais um pouco de espera, e tínhamos, afinal, em mãos, uma cópia autenticada daquela mensagem.

Poderão as leis sociológicas precisar a sucessão dos fenômenos políticos e econômicos?

Ainda ontem não se realizou a sessão semanal na casa de José Cândido. Aproveitaremos, pois, hoje, o dia para enviar essas outras páginas de resposta a proposições do Sr. Teixeira da Costa, do Banco Agrícola.

Como a mensagem já publicada, esta traz também ao pé, assinando-a, o nome de Joaquim Pedro d'Oliveira Martins, o grande historiador e economista português.

Foram estas as perguntas formuladas pelo Sr. Teixeira da Costa:

"– As leis sociológicas poderão, em futuro próximo, precisar os fenômenos políticos e econômicos?"

"– Tende a sociologia a uma organização precisa, de maneira que possamos, por suas leis, prever os fenômenos que se devem suceder?"

Cabal afirmativa

A resposta psicografada por Chico Xavier é longa e precisa e, pelo seu tom algo profético, bem a poderíamos chamar de "revolucionária".

Transcrevemo-la a seguir, na íntegra, intercalando-lhe, como de hábito, alguns subtítulos:

"– Tentarei o meu trabalho elucidativo replicando ao último dos quesitos das teses propostas as quais envolvem em si um problema de suma atualidade, digno de todas as mentalidades que se interessam pelo progresso humano. E a minha resposta, em tese, constitui cabal afirmativa às proposições enunciadas.

Integrando o quadro das ciências morais, a sociologia pode ser apreciada e analisada, apesar dos seus fenômenos abstratos, através de uma elaboração acurada e metódica do raciocínio. O estudo da história é o campo precípuo, onde lhe encontramos a evolução lenta, inscrita, porém, em fatos palpáveis.

A nossa história contemporânea, encetada pela França de 1789, com a declaração dos direitos do homem, consubstancia todos os movimentos do progresso social, iniciado pelas gerações primitivas, e aí está como síntese gloriosa dos esforços da coletividade, das suas realizações superiores e experiências penosas em favor do indivíduo.

Da tribu às nacionalidades

Desnecessário será reportar-nos ao hábitat do "Primata hominus", já que o precioso trabalho da antropologia e paleontologia combinadas nos fornece todos os argumentos prestantes à apresentação do desenvolvimento social, do qual as vossas leis sociológicas são legítimos expoentes.

A família criou a tribu, as tribus edificaram a cidade, e as cidades constituíram as nacionalidades. Cada povo trouxe ao edifício do progresso geral, sob todas as suas variadas formas, o produto da atividade que desdobraram coletivamente. Cada ciclo da história humana apresenta um vestígio fundamentalmente diverso dos que o antecederam e dos que lhe são posteriores, os quais, compilados ordenadamente no livro das civilizações, oferecem ao Espírito estudioso a expressão de verdade contida no "semper ascendens".

Os dois polos da evolução humana

Entre um monumento megalítico e um monumento de vossa época, polos da evolução do homem, está o histórico dos fenômenos sociais, correlatos a essa mesma evolução, patente em todos os tempos; as obras materiais são, em seu conjunto admirável, as vibrações exteriorizadas dos pensamentos, em evolução permanente.

Os fósseis do período neolítico, os tempos faraônicos de Mikerinos, a legislação de Sólon, o pensamento de Cícero e a Revolução Francesa são estágios que emergem na história como selos diferentes do progresso do mundo. Todas as descobertas notáveis e todas as guerras assinalam transições que equivalem a renovações benfeitoras.

A causa fundamental das revoluções

Os fenômenos políticos marcham paralelos aos fenômenos sociais. Os primeiros são como resultantes dos segundos. A mentalidade de uma época é que determina inflexivelmente os programas da atividade política; é sua fonte, sua origem, sua incoercível força geradora; e, quando não se opera essa combinação harmônica, natural, as reações aparecem como protesto solene da tarefa evolutiva dos séculos, revoluções estas que se acham nos capítulos da história de todos os países.

A política representa o indivíduo, a sociologia representa a coletividade. Quando o desacordo se manifesta entre ambas, estabelece-se a luta mais acérrima para que se restabeleçam o equilíbrio e a ordem.

É um fato natural.

Como conquistar a veneração da história

As individualidades e as organizações que as representam só se impõem à veneração da história quando laboram em benefício do bem geral, que é o progresso coletivo. Quando as suas atividades se desviam desse objeto nobilíssimo e único, expõem-se à desclassificação, que significa em si a verdadeira morte.

A previsão possível dos fenômenos

Considerando-se, portanto, o progresso em sua ascensão ininterrupta, concluímos que as leis sociológicas tendem a uma organização precisa, de maneira que poderemos, por seu intermédio, prever, em sua generalidade, os fenômenos econômicos e políticos que serão levados a efeito.

Transformações num futuro próximo

O vosso tempo é de dinamismo e de sumo progresso científico. A vossa civilização está cheia de resplendores e comodidades; num futuro próximo, porém, assistireis a bruscas transformações, porque a sociologia e a política se encontram em polos antagônicos. As religiões, que são chamadas a desenvolver uma atividade superior como colaboradoras efetivas das ciências morais, desviaram-se para terrenos resvaladiços; e a política, em geral, não representa a evolução das coletividades. Infelizmente, o excessivo amor à personalidade tem anulado ideias nobres, na tentativa de corromper o trabalho efetuado na Terra por inúmeros Espíritos de eleição.

A economia política, ciência desmantelada pela política do isolamento

A economia política, cuja tarefa é orientar a produção e o consumo da riqueza coletiva, é uma ciência desmantelada, porque a moral evoluiu teoricamente sem que a sua prática interessasse à maior parte dos encarregados de zelar pelo patrimônio dos povos.

Em contraposição às leis fraternais, propagadas pelos arautos do bem-estar social, criou-se o falso patriotismo, ao qual a abominável autarquia deve a sua paternidade.

O eclipse dos ideais generosos da Humanidade

A economia é como a vida, cuja continuação depende de trocas incessantes. A política antifraterna do isolamento empobreceu o comércio, engendrando na atualidade as crises extraordinárias da superprodução e das inflações de crédito. A egolatria do capitalismo não lhe permitiu corresponder às aquisições do progresso da Humanidade, e quase todos os ideais generosos do coração humano estão eclipsados. Não duvideis, porém, da sua eclosão, em breve porvir, em busca da concretização.

A personalidade só se valoriza quando raciocina pela consciência coletiva

A sociologia tem as suas teorias avançadas, e é necessário que os acontecimentos econômicos e políticos a acompanhem; já tendes observado, em vosso século, o anelo de emancipação das conquistas sociais que procuram romper a cadeia que lhes foi imposta pelo egoísmo individual Como última defesa desse egoísmo, têm-se instituído em vossos tempos os governos fortes; mas a personalidade somente se valoriza quando raciocina pela consciência coletiva. A sociologia tende, a passos largos, para uma organização definida, reguladora de todos os progressos da ciência moral, apesar dos partidários de Pirron, que pululam em todos os agrupamentos humanos, cépticos e indiferentes quanto ao aperfeiçoamento esperado. Inevitáveis são as lutas que a realização dessas conquistas implica, e a moral, sob a flâmula do Espiritualismo, será a força-controle de formidáveis combates que se anunciam como movimentos que dirimirão o conflito entre o trabalho evolutivo e a tentativa de estacionamento provocada por elementos nocivos à ordem das leis do direito, em todas as suas modalidades.

Armas perigosas em mãos de crianças...

O vosso século, desde os seus pródromos, tem sido de lutas precursoras dessa regeneração dos costumes políticos de todas as nacionalidades evoluídas do planeta, os quais requerem urgentemente o braço da fraternidade para que se mantenham de pé na confusão reinante; e a lição espiritualista em vossos tempos significa um apelo do Céu para que as civilizações da Terra não se extingam, porquanto o homem atingiu tal culminância no domínio científico que as suas possibilidades são como armas perigosas em mãos de crianças. Faz-se mister conhecer o enigma da sua personalidade espiritual se não deseja cair vitimado por suas próprias mãos.

Apenas deduções lógicas e razoáveis...

Não estadeamos horripilantes profecias; apenas efetuamos deduções lógicas e razoáveis sobre o vasto apanhado da situação atual do mundo.

Cada organismo político, como os sistemas religiosos, possui sua ação em uma época determinada do progresso geral. Cada organização que expressa uma conquista nova sente a tenacíssima resistência do sistema em decadência. Os ideais nobres que encarnam a nova modalidade evolutiva são registrados pelas mentes de escol que se acham na Terra em correspondência com os planos superiores, as quais os disseminam através da palavra falada ou escrita, permanecendo, assim, na alma da coletividade como energias potenciais. Um estado, porém, aparece que define a maturação do espírito geral; a luta se estabelece e a ideia nova triunfa.

A marcha para o coletivismo

Todo o organismo social marcha para o coletivismo, dentro do qual todo o porvir humano está esboçado; ele será o restaurador de todas as anomalias econômicas das nacionalidades, o regulador dos fenômenos sociológicos, o descobridor das verdadeiras aptidões administrativas para os Governos, a força inteligente e diretora que estudará as possibilidades de cada um para o engrandecimento coletivo. Todas as personalidades contrárias ao progresso cederão diante da necessidade dessas leis, porque se faz mister a comunhão de todos os homens, para que todo o indivíduo procure viver a existência da coletividade.

Joaquim Pedro d'Oliveira Martins

Uma casa à venda

A mesma mão que psicografou essas páginas, nós a surpreendemos esta manhã, quando escrevia, sobre o balcão tosco da venda de Seu Zé Felizardo, num pedaço de parede, esta frase que exprime toda uma precária situação:

– "Vende-se esta casa".

E, escrevendo, humildemente, essa quase confissão de falência e desamparo, Chico Xavier sorria-nos, com o sorriso débil e a expressão boa dos resignados.

35

A Curiosidade e o interesse despertados pelas reportagens de *O GLOBO* chegaram a Pedro Leopoldo em cartas e cartas para Chico Xavier!

Os tesouros ocultos, a origem do mundo e a imigração japonesa... – Economia e feminismo – Cartas para o médium e para o repórter – Mais perguntas...

PEDRO LEOPOLDO, 7 (Especial para *O GLOBO*, por Clementino de Alencar) – Em correspondência anterior, tivemos já ocasião de fazer referência ao grande número de cartas que aqui chegam, dirigidas ao "médium" e algumas, ao repórter.

Em geral, consta essa correspondência, pelo menos a já aberta e lida, de consultas dirigidas, por intermédio de Chico Xavier, aos Amigos do Espaço.

E foi exatamente essa série de consultas, por seu número e sua variedade, um dos fatores da espécie de alarme que veio inquietar o "médium" na sua humildade e na sua despretensão.

Porque, em verdade, são perguntas de todo o gênero, desde as perfeitamente cabíveis até às mais absurdas e estapafúrdias, se tomarmos em consideração o sentido elevado com que os espíritas em geral se entregam à prática de sua doutrina e às possibilidades e cogitações admissíveis, ainda dentro da mesma doutrina, ao "médium" e aos Espíritos desencarnados.

Por essas duas observações, sobre o "sentido elevado" da doutrina e "possibilidades e cogitações espíritas", certamente não poderemos ser taxados de parcialidade ou simpatia exagerada, visto como aquilo tudo é reconhecido por todos os que, esclarecidos e com isenção, observam, ou mesmo estudam, os fatos e questões espíritas.

Passamos, porém, à correspondência do "médium" e também do repórter. Dias houve em que Chico Xavier recebeu de quinze a vinte cartas no gênero a que nos referimos.

Cheio de impedimentos como os que indicamos – seu trabalho diário na venda, seus cuidados com o padrinho enfermo, as repetidas visitas de consulentes vindos de fora e ainda o esgotamento a que chegou afinal – Chico Xavier, ao cabo de alguns dias, já não podia, não diremos responder, mas até nem ler e inteirar-se de toda a correspondência. E como esta não cessava, o "médium" se viu, por fim, diante de um maço de cartas fechadas.

Foi então que o seu "alarme" se acentuou, ainda mais considerando que se declarara nele a necessidade de algum tempo de repouso.

O exame da correspondência

Foi a essa altura que resolvemos acorrer, de certa forma, em "socorro" do "médium".

Quedamo-nos também um tanto "alarmados" diante do volume da correspondência.

Por essa época, exatamente, Emmanuel, na sua última mensagem em inglês, conforme publicamos, havia dado como encerrada a "fase de experiências", a série de testes provocadas pelo repórter.

Diante daquele maço de cartas fechadas, e ao qual certamente se viram reunir ainda outras, fizemos ao "médium" uma sugestão: ele iria abrindo a correspondência paulatinamente e fazendo a seleção das perguntas, dentro do critério indicado por nossas considerações de acima, e ao tempo apresentando-as ao seu guia, para obtenção das respostas.

O repórter, em obediência ao que já determinara Emmanuel a seu respeito, não interviria mais como consulente, mas se deixaria ficar de lado, como um simples observador, para que o material colhido no exame da correspondência e as respectivas respostas, colhidas sob a nossa observação, pudessem servir à nossa reportagem.

O "médium" aceitou a sugestão, pedido-nos apenas com o seu eterno alarme da publicidade:

– Mas, por favor, permita-me realizar esta tarefa em silêncio e tranquilidade; senão, creio que não poderei levá-la a cabo.

Asseguramos-lhe que sim; Chico Xavier, por sua vez, cumpriu o que prometera. E isso nos proporcionou uma série de novos e interessantíssimos testes.

A tarefa, agora, já foi concluída. Cessou, pois, a nossa promessa de silenciar. Resta-nos expor os resultados colhidos.

Segredo...

Desde já, adiantamos o seguinte; da correspondência que ia sendo aberta, paulatinamente, na nossa presença, apenas tomamos conhecimento das consultas que ela porventura contivesse, deixando, ignoradas para nós, o nome dos signatários.

Obedecemos, assim, ao desejo do "médium" e a uma delicada atenção sua para com os seus consulentes. O mesmo silêncio adotaremos também quanto aos signatários das cartas dirigidas ao repórter.

Os tesouros ocultos, a origem do mundo e a imigração japonesa...

Assim, não só em atenção a solicitações francas, como também por dever de ética profissional, deixaremos para sempre ignorados do grande público o nome dos mortais que queriam saber se, com o tempo, obteriam tal ou tal colocação; ou conhecer a origem do mundo das divindades e da diferença de cores entre os homens; ou descobrir o lugar exato onde um antepassado escondera um tesouro; ou inteirar-se das possibilidades futuras – perigo? Ou vantagem? – da emigração japonesa para o Brasil.

Política, moral, economia, feminismo, etc.

São assim, pois, das mais variadas as indagações contidas na correspondência aqui chegada, para o "médium" e o repórter, e que convidam ao esclarecimento ou debate de questões de moral, economia, política, finanças, indústrias, feminismo, etc.

Os eternos anseios, dúvidas e esperanças

Cumpre-nos ainda observar – pelo muito que nos merece a atenção e o interesse dispensados pelos que nos leem, a esta espécie de inquérito – que, no exame da correspondência, tanto o "médium" como o repórter nunca abandonaram o maior respeito para com as solicitações, dúvidas, convicções, esperanças, etc., que todas as consultas envolviam, mesmo quando elas parecessem absurdas ou estapafúrdias.

Porque, em tudo, estivemos sempre a ver o sagrado anseio da alma humana aberta, sinceramente, para todos os rumos de onde lhe possam vir esclarecimentos para suas dúvidas, consolo para suas dores e alimento para suas crenças e suas esperanças.

36

Uma orientação política para o Brasil nas páginas psicografadas de Chico Xavier!

Ainda a democracia – As leis são boas, mas os homens são maus... – Patriotismo e coletividade – E versos de Antônio Nobre

PEDRO LEOPOLDO, 8 (Especial para *O GLOBO*, por Clementino de Alencar) – De acordo com o que adiantávamos ontem, iniciamos hoje a divulgação de respostas colhidas, do Além, pelo "médium", e relativas às consultas selecionadas da vasta correspondência que lhe chegara desde o início da maior divulgação do seu caso.

Conforme já observamos, muitas das indagações, embora acolhidas com a mesma e respeitosa delicadeza que as demais, foram postas de parte, por estarem fora não só das possibilidades do "médium", ou antes, de seus protetores, como também das altas cogitações de ordem moral e espiritual da doutrina.

Em torno da situação econômica do Brasil

A abertura das cartas era feita à noite, na residência do "médium", e este mesmo as lia e enunciava as consultas nas mesmas contidas.

Reunidas algumas perguntas admissíveis, a caixa da correspondência era posta de lado e o "médium" concentrava-se, a seguir, para a consulta aos protetores e Amigos do Espaço.

O repórter limitava-se a recolher as respostas porventura obtidas.

A primeira das consultas atendidas foi a seguinte:

Depois de algumas referências à mensagem de Emmanuel, publicada em nossas edições de 16 de maio último, e na qual o guia diz que "para o estado atual do Brasil não se enquadra outro regime fora da democracia liberal", um missivista, talvez pouco simpático a esse mesmo regime, fez esta indagação:

"– Como poderá o Brasil resolver a sua situação econômica dentro da democracia liberal?"

Somente fora do facciosismo, das lutas de clã...

A resposta de Emmanuel é pronta e coerente com o ponto de vista favorável à liberal democracia, já antes expendido. Revela ainda o guia, em suas considerações de agora, estar mais ou menos a par dos aspectos gerais da atual situação patrícia...

Eis essa resposta de Emmanuel:

"– A República Brasileira necessita de forças vitalícias, no terreno político-administrativo, que predominem sobre suas instituições de caráter temporário.

Contrariando o facciosismo, as lutas de clã, existiam no Brasil Império os grandes poderes centralizados. É da formação de um poder como esses que a República necessita, a fim de corrigir os baldões, os defeitos, a instabilidade da política administrativa.

As concepções avançadas da alma brasileira

O conjunto de leis brasileiras, os dispositivos constitucionais, refletem a evolução moral dos habitantes das terras do Cruzeiro. Não só a nova carta política ultimamente promulgada – excetuando-se as incompreensíveis emendas religiosas –, como a Constituição de 1891, são documentos de alto valor histórico e político, atestando as concepções avançadas da alma brasileira.

"Os interesses dos chefes nunca são prejudicados"

Temos, porém, a considerar, no país, o combate prejudicial dos partidos sob a ditadura dos mais implacáveis individualismos.

Os interesses dos chefes nunca são prejudicados. Sob o despotismo de sua vontade pessoalíssima estão os interesses da nação e das coletividades.

Uma aproximação necessária

Ora, nas condições atuais, não se enquadraria no país outro regime que não fosse o da democracia. As experiências, porém, requerem uma salutar aproximação entre governantes e governados, e todo o individualismo deve desaparecer nos interesses gerais.

A questão é de homens, não de leis

A solução dos problemas das classes tem sido tratada com a mais acentuada ausência de tato, pelos que dirigem o Estado. Os grandes desequilíbrios econômicos e o cepticismo de quantos vivem a esperar melhores dias para a nação são oriundos justamente dessa odiosa campanha personalista que infelicita, há muitos anos, as correntes políticas do país.

A questão é de homens, e não de leis. As leis são boas e bastavam para controlar todos os fenômenos da vida nacional.

Faltam os cérebros e os sentimentos

Faltam os executores, os cérebros e os sentimentos.

Evite-se a expansão do interesse pessoal, as competições mesquinhas, a ambição de ganhos e domínios, os assaltos ao Tesouro Público, o exibicionismo, e cultive-se, acima de tudo, o interesse da coletividade. Basta isso. A coletividade é a nação e não se compreende o patriotismo fora dessas normas.

Questão puramente administrativa

Vê-se, pois, que todos os problemas econômicos estão enfeixados nas questões de ordem administrativa.

Nestes tempos de confusão, em que a crise se manifesta dentro de todas as modalidades, Deus proteja o Brasil, inspirando àqueles que o governam e concedendo a todos os Seus filhos paz e prosperidade. – Emmanuel."

Quadras de um poeta morto

Atendendo sempre a solicitações de leitores que não querem perder o contato com o arquivo do "médium", juntamos, aqui, como complemento à correspondência de hoje, algumas das "Quadras de um poeta morto", Antônio Nobre, constantes daquele arquivo, e nas quais o suave cantor nos diz:

Coração, não vos canseis
De bater... que importa lá?
Porque os amores fiéis,
Nem a morte os vencerá.

Nem gritos e nem cantigas
Entre vós que à noite andais;
As almas das raparigas
Inda sonham nos choupais.

Deixa cantar, ó menina,
Teu coração sonhador...
No sepulcro não termina
O novelário do amor.

Dizem que os mortos não voltam...
Voltam sim. E por que não?
Os corpos daí nos soltam,
Como às aves o alçapão.

Se eu pudesse, estenderia
Minhas capas de luar,
Sobre os filhos da agonia
Que andam no mundo a penar.

Quem riu ontem, quem ri hoje,
Nem sempre poderá rir...
Um dia o riso lhe foge,
Sem que o veja escapulir.

Um anjo cheio de encanto
Vive sempre com quem chora,
Guardando as gotas de pranto
Numa urna cor de aurora.

Ó figuras de velhinhos
Que andais dormitando ao léu!
Como são belos os linhos
Que vos esperam no Céu!

Ah! que sinto aqui saudades
Das noites de São João,
Sonho, estrelas, claridades,
Cantigas do coração!

37

Poderá a ciência substituir a Religião?

"Acima das coisas transitórias do mundo, há uma Sabedoria Integral e uma Ordem Inviolável" – responde Emmanuel, aconselhando os vivos a que guardem o patrimônio de suas crenças

PEDRO LEOPOLDO, 9 (Especial para *O GLOBO*, por Clementino de Alencar) – Enviamos hoje mais três das respostas colhidas por Chico Xavier, dos seus protetores do Além, e relativas a indagações enviadas por carta ao "médium".

A primeira das duas perguntas abaixo respondidas é esta:

"– Poderá a Ciência substituir a Religião?

A segunda indagação refere-se ao hábito da cremação de cadáveres, adotado por muitos povos do Oriente, e diz:

"– Sentem os desencarnados os efeitos da cremação de seus despojos mortais?"

E a terceira é esta:

"– Qual a impressão do homem no instante da morte?"

Em torno de uma velha animosidade

Eis como Emmanuel, com aquele admirável poder de síntese que caracteriza suas mensagens, respondeu à primeira das indagações acima:

"– Creio que, no futuro, viverá a humanidade fora desse ambiente de animosidade entre a ciência e a religião; julgo, contudo, que em nenhuma civilização pôde a primeira substituir a segunda. As suas antinomias serão eliminadas dentro do estudo, da análise, do raciocínio.

Nos tempos modernos, mentalidades existem que pugnam pelo desaparecimento das noções religiosas do coração dos homens. Pede-se uma educação sem Deus, o aniquilamento da fé, o afastamento das esperanças de uma outra vida, a morte da crença nos poderes de uma providência estranha aos homens. Essa tarefa é inútil. Os que se abalançam a sugerir semelhantes empresas podem ser dignos de respeito e admiração pelos seus méritos científicos, mas assemelham-se a alguém que tivesse a fortuna de obter um oásis entre imensos desertos. Confortado e satisfeito dentro da sua felicidade ocasional, não vê as caravanas sem número de infelizes, transitando sobre as areias ardentes, cheias de sede e de fome.

Experiência que fracassaria

O sentimento religioso é a base de todas as civilizações. Preconiza-se uma educação pela inteligência, concedendo-se liberdade aos impulsos naturais do homem. A experiência fracassaria. No dia em que a evolução dispensar o concurso religioso, a Humanidade estará unida a Deus pela ciência e pela fé então irmanadas.

A ciência e suas contradições: atestado da falibilidade humana

Em cada século, o progresso científico renova sua concepção acerca dos mais importantes problemas da vida.

Raramente os verdadeiros sábios são compreendidos por seus contemporâneos. Se as contradições dos estudiosos são o sinal de que a ciência progride sempre, elas atestam igualmente a falibilidade humana e a fraqueza e inconsistência dos seus conhecimentos.

O sublime legado

Diz-se que o pensamento religioso é uma ilusão. Tal afirmativa carece de fundamento. Nenhuma teoria científica, nenhum sistema político, nenhum programa de reeducação podem roubar do mundo a ideia de Deus e da imortalidade do ser, inata no coração do homem.

As ideologias novas não conseguirão eliminá-la também.

A religião viverá entre as criaturas, instruindo e consolando, como um sublime legado.

Religião e religiões

O que se faz preciso, em vossa época, é estabelecerdes a diferença entre religião e religiões.

A religião é o sentimento divino que prende o homem ao Criador.

As religiões são as organizações dos homens, falíveis, imperfeitas como eles próprios; dignas de todo o acatamento pelo sopro da inspiração superior que as fez surgir, são como gotas do orvalho celeste misturadas com os elementos da terra em que caíram. Muitas delas, porém, estão desviadas do bom caminho pelo interesse criminoso e pela ambição lamentável dos seus expositores; mas a verdade, um dia, brilhará para todos, sem necessitar da cooperação de nenhum homem.

Acima de tudo estão a Sabedoria Integral e a Ordem Inviolável

Cabe-nos, pois, exclamar para os que creem e esperam:

"– Ó irmãos nossos que confiais na Providência dentro da escuridão do mundo!... Do portal de claridades do Além-Túmulo, nós vos estendemos as mãos fraternas!... Nossa palavra corre sobre o mundo como um poderoso sopro de verdades! Dentro do Universo, mil laços nos unem. Sobre as ruínas, sobre os escombros das civilizações mortas e dos templos desmoronados, nós viveremos eternamente. Uma justiça soberana, íntegra e misericordiosa preside aos nossos destinos. Na Terra ou no espaço, unamos os nossos esforços pelo bem coletivo.

Guardai convosco o sagrado patrimônio das crenças, porque, acima das coisas transitórias do mundo, há uma Sabedoria Integral, uma Ordem Inviolável. Lutemos, pois, com destemor e coragem, porque Deus é justo e a alma é imortal. – Emmanuel."

Só ao fim de certo prazo deverá ser feita cremação

À segunda das perguntas acima, a relativa à cremação de cadáveres, o guia assim respondeu:

– "Geralmente, nas primeiras horas do "post mortem", ainda se sente o Espírito ligado aos elementos cadavéricos.

Laços fluídicos, imperceptíveis ao vosso poder visual, ainda se conservam unindo a alma recém-liberta ao corpo exausto; esses elos impedem a decomposição imediata da matéria. E, por esta razão, na maioria dos casos o Espírito pode experimentar os sofrimentos horríveis oriundos da cremação, a qual nunca deverá ser levada a efeito antes do prazo de cinquenta horas após o desenlace. A cremação imediata ao chamado instante da morte é, portanto, nociva e desumana.

Elementos de vida que ficam, por algum tempo, no cadáver

Às vezes, segundo a natureza das moléstias que precedem a desencarnação, existem ainda no cadáver inúmeros elementos de vida; daí nasce a possibilidade de, usando de recursos vários e reagentes, a ciência fazer um "morto" voltar à vida.

Vê-se pois, que o Espírito desencarnado, nas primeiras horas do Além-Túmulo, pode sentir, dentro do quadro de suas impressões físicas, todas as ações a que seu corpo abandonado seja submetido. – Emmanuel."

Tal vida, tal morte

A terceira pergunta, sobre a "impressão do homem no momento da morte", foi respondida nestes termos:

– A impressão da alma no momento da morte varia com os estados de consciência dos indivíduos.

Para todas as criaturas, porém, manifesta-se, nesses instantes, a bondade divina. Os moribundos têm, invariavelmente, a assistência dos seus protetores e amigos invisíveis que os auxiliam a se libertar das cadeias que os prendem à vida material. Entre os homens não existe a necessidade de alguém que auxilie os recém-nascidos a se desvencilharem do cordão umbilical?

As sensações penosas do corpo são mais ou menos acordes com a moléstia manifestada. Elas, porém, passam e, nos primeiros tempos, no plano espiritual, vai a alma colher os frutos de suas boas ou más obras na superfície do mundo.

O adágio popular "Tal vida, tal morte" vai aí receber então a sua sanção plena. –Emmanuel."

38

“A MULHER NÃO PRECISA MASCULINIZAR-SE, E SIM EDUCAR-SE”

O feminismo em face do código transitório dos homens – As desigualdades sociais – A evolução dos povos e de seus códigos – Livre-arbítrio – Só é criminoso quem quer – Mais três respostas de Emmanuel

PEDRO LEOPOLDO, 11 (Especial para *O GLOBO*, por Clementino de Alencar) - O feminismo, logo se vê, não podia escapar às cogitações dos consulentes de Chico Xavier. Não fosse essa uma das maiores preocupações do próprio século.

As indagações que surgem, a respeito, do seio da correspondência, são várias. Há uma, porém, que constitui, daquelas, uma síntese:

– Qual a opinião dos Espíritos sobre o feminismo?

Simples, direta, sem malícia nem animosidade.

E assim também é a resposta dada pelo guia e protetor do “médium”.

Contra a masculinização espetaculosa

Na resposta, não está explícito propriamente um pronunciamento geral dos “Espíritos”, como pede a pergunta. Como, porém, o guia não faz restrição alguma às suas palavras, parece-nos que podemos aceitá-las como um ponto de vista coletivo. E este, como se verá, não é de todo favorável ao sentido tomado pelas chamadas conquistas feministas no panorama contemporâneo.

Eis como pensam os Espíritos sobre essa questão, segundo a resposta assinada por Emmanuel:

– A mulher deve colaborar com o homem, de forma admissível ao seu sexo, nas variadas esferas de sua atividade. Mas não compreendemos como legítimo esse movimento de masculinização espetaculosa, preconizada por inúmeros orientadores do mau feminismo, os quais iludem a mulher quanto às suas obrigações no seio da coletividade.

O homem e a mulher, dependendo um do outro, são elementos que se completam para a consecução da obra divina.

Não precisa masculinizar-se, e sim educar-se

A mulher não precisa masculinizar-se. Precisa educar-se, dentro da sua feminilidade.

O problema do feminismo não é o da exclusão da dependência da mulher; deve ser o da compreensão dos seus grandes deveres. Dentro da natureza, as linhas determinadas pelos desígnios insondáveis de Deus não se mudam sob a influência do limitado arbítrio humano; e a mulher não pode transformar o complexo estrutural do seu organismo.

Os deveres mais sagrados

Homem e mulher, cada um deles, têm obrigações nobilíssimas a cumprir nas posições diferentes em que foram colocados dentro do planeta. Aliás, na humanidade, a mulher, por sua profunda capacidade receptora, guarda os deveres mais sagrados diante das leis divinas.

Todas as questões feministas se reduzem a um problema de educação mais do que necessária.

Um problema que foge aos códigos transitórios dos homens

Neste século, as experimentações tocam ao auge. A mulher não podia escapar a essa onda de transições. Todavia, faz-se preciso conter o delírio, a alucinação de mentalidades apaixonadas, nos excessos de idealismo, e que se voltam para o campo da publicidade, falhas no conhecimento imprescindível das realidades da vida, sem saber o que desejam e sem nada trazer de melhor aos que se formam para as lutas da existência, intoxicando o espírito da juventude. As ideias são forças que, como a eletricidade, arruínam o que encontram na sua passagem, quando não são devidamente controladas. Toda a força necessita de educação para se expandir com benefícios.

O problema da mulher, antes de ser estudado, dentro dos códigos transitórios dos homens, precisa ser resolvido à luz do Evangelho. – Emmanuel."

A evolução dos povos significa a evolução dos seus códigos

O que dissemos em relação ao feminismo, poderíamos repetir quanto às questões sociais em geral: as indagações são muitas, a respeito.

Uma dessas é a seguinte:

"– Que pensam os Espíritos das desigualdades sociais?"

A indagação é das que convidam aos debates longos e às demoradas dissertações.

Emmanuel, porém, vale-se aí, mais uma vez, do seu admirável poder de síntese para responder.:

"– O problema das desigualdades sociais afronta os pensadores desde a aurora dos tempos. É preciso, contudo, considerar-se que, se a pobreza luta com infortúnios e adversidades, a riqueza e a autoridade implicam deveres muito sagrados, diante das leis humanas e divinas, dos quais decorrem responsabilidades temíveis para quantos não os saibam cumprir.

As classes existirão sempre – O dever de solidariedade

Em tese, as classes existiram e existirão sempre.

O que, porém, deve preocupar os sociólogos modernos é estabelecer a solidariedade entre elas, a conciliação de seus interesses, a multiplicação urgente das leis de assistência social, únicas alavancas mantenedoras da ordem.

Medida importa pela evolução geral

A evolução dos povos significa a evolução de seus códigos.

Cremos, portanto, que, em futuro próximo, os fenômenos sociais serão controlados com mais critério, na esfera da política administrativa como medida necessária imposta pela evolução geral. – Emmanuel."

O livre-arbítrio e a fatalidade

"– Está o homem subordinado ao livre-arbítrio ou à fatalidade?"

A essa pergunta assim respondeu Emmanuel:

"– O homem está subordinado ao seu livre-arbítrio, mas sua existência está também submetida a determinadas circunstâncias de acordo com o mapa de seus serviços e provações na Terra, e delineado pela individualidade, em harmonia com as opiniões dos seus guias espirituais, antes da reencarnação.

As condições sociais, as moléstias, os ambientes viciosos, o cerco das tentações, os dissabores, são circunstâncias da existência do homem. Entre elas, porém, está a sua vontade soberana.

Pode nascer num ambiente de humildade e modéstia, procurando vencer pela perseverança no trabalho e triunfando das deficiências encontradas; pode suportar as enfermidades com serenidade de ânimo e resignação; pode ser tentado de todas as maneiras, mas só se tornará um criminoso se quiser.

O elemento dominante

Na esfera individual, o livre-arbítrio é, pois, o único elemento dominante. A existência de cada homem é resultante de seus atos e pensamentos.

O que se faz necessário é intensificar cada um sua educação pessoal.

Um dos grandes erros do homem é não se conformar com sua situação de simples hóspede de um mundo que não lhe pertence.

Se reconhecesse o quanto é passageira sua permanência na Terra, evitaria a influência nefasta do egoísmo e não agrilhoaria o seu coração ao cárcere de desejos inconcebíveis, causas naturais de muitos de seus maiores sofrimentos. – Emmanuel."

39

NÃO DEVE SER MINISTRADO NAS ESCOLAS O ENSINO RELIGIOSO

"A verdadeira crença não precisa de nenhuma força humana ou temporal para se manter"

PEDRO LEOPOLDO, 12 (Especial para *O GLOBO*, por Clementino de Alencar) – Reuniremos, em nossa correspondência de hoje, algumas respostas a perguntas sobre religião.

Uma dessas indagações deve ter sido sugerida ao missivista pelos debates que agitaram a Câmara Municipal carioca há pouco.

Ei-la:

"– Deve-se adotar o ensino religioso nas escolas?

A resposta é contrária a essa medida, considerando-a um erro capaz de desenvolver na criança um prejudicial espírito de seita.

Aulas de moral, sem sectarismo

Essa resposta diz assim:

"– Seria conveniente que se adotassem aulas de moral em todas as escolas, sem nenhum caráter sectário sob o ponto de vista religioso. A formação do espírito infantil se processaria dentro do luminoso ideal da fraternidade humana, sem a colaboração do odioso espírito de seita.

É um erro criar, na pedagogia moderna, o ensino de determinadas doutrinas religiosas, inoculando na mentalidade da criança sentimentos antifraternos.

Contra o fanatismo destruidor

E como poderá o cérebro da infância aprender capítulos escriturísticos que os próprios exegetas lutam com dificuldades para explanar e compreender?

Formidável já é a tarefa dos mestres, desviando essas inteligências novas da prática do mal. Somos, portanto, de opinião que o laicismo deve ser conservado nas escolas públicas; proceder de outra forma é cooperar pela difusão do fanatismo destruidor. – Emmanuel."

Problema afeto ao lar, e não aos departamentos do Estado

A segunda pergunta do gênero apresentada a Emmanuel, logo a seguir, decorre da resposta dada à primeira:

– Convém educar a criança sem religião?

Eis a resposta dada pelo guia:

"– Se preconizamos a adoção do laicismo nas escolas públicas, considerando a heterogeneidade dos credos religiosos a que se filiam os alunos, isso não quer dizer que sejamos partidários da educação irreligiosa. Deve-se cultivar a ideia de Deus na mentalidade infantil.

A solução desse problema, contudo, está afeta ao lar, e não aos departamentos do Estado.

A criança deve ser integrada no conhecimento das suas obrigações ante as leis divinas, e é dessa educação, à base do Cristianismo em sua pureza primitiva, que nascerão as mentalidades sadias para as coletividades sadias do futuro. – Emmanuel."

Pela inteira liberdade de crenças

Dentro do mesmo quadro de cogitações aparece, a seguir, esta pergunta:

"– Deve o governo brasileiro decretar uma religião oficial?"

Emmanuel manifesta-se pela liberdade de crenças nestes termos:

"– O governo que se abalançasse a uma empresa dessas, nos tempos que correm, operaria obra demolidora dos progressos alcançados, instaurando a anarquia do pensamento.

A época atual não comporta semelhantes retrocessos.

As crenças e o perigo do doutrinarismo político

Aliás, a questão estaria afeta ao credo que aceitasse amparo oficial.

Uma crença que necessite de forças humanas para se manter deixa de ser crença para ser uma arma perigosa de doutrinarismo político. Interessada nas coisas mundanas, dá provas de sua falência nos corações.

Buscando o poder transitório dos homens esquece o poder eterno de Deus.

Todo o credo religioso que procure a sombra do Estado para se expandir e viver dá sintomas de desagregação; e, quando acolhido pelo Estado, apressa-se a sua decadência. Poderá ser um grande coeficiente de forças partidárias dentro da política; todavia, a política é um conjunto de forças que se caracterizam pela temporalidade de sua ação.

Espontânea, singela e benéfica

A verdadeira crença religiosa, laço sagrado que une as almas ao Céu pelas aspirações da fé, não precisa de nenhuma força humana ou temporal para se manter. É espontânea e, beneficiando os homens com a sua majestosa singeleza, abre o caminho da luz espiritual para as consciências, espalhando em tudo as suas claridades imortais. – Emmanuel."

Dois sonetos de Hermes Fontes

Encerrando a correspondência de hoje, aqui juntamos dois sonetos recebidos com o nome de Hermes Fontes, na sessão de 22 de maio último, e aos quais já fizemos ligeira referência no noticiário daquela reunião.

São os seguintes esses versos:

Desconforto

Não me bastou, Senhor, velar atento
A misteriosa luz com que, à procura
De um luminoso céu em miniatura,
Vivi sonhando em meu deslumbramento!

Dentro do meu ideal supus que, isento
De toda a dor, de toda a mágoa obscura,
Alcançasse o castelo da Ventura
Na glorificação do Pensamento.

Mas, ai de mim! Meu barco pequenino
Perdeu-se em meio à torva tempestade
Sem divisar a luz de qualquer porto;

E as minhas esperanças de menino
E os anelos de amor e mocidade
Naufragaram no grande desconforto.

Sonho inútil

Em minha juventude estive à espera
De um malogrado sonho superior.
Esperança divina que eu quisera
Ver aureolada por um grande amor!

Mas não pude esperar quanto devera
Nos carreiros aspérrimos da dor,
Sem fé, que era aos meus olhos a quimera
Do pensamento mistificador.

Meu erro foi descrer, porque, deserto
O coração, somente acreditei
Na morte, o grande abismo, o nada incerto!...

Oh! o maior dos enganos perpetrados!
Pois no meu sonho altíssimo de rei
Achei a dor dos grandes condenados!

40

"Mais verdade do que dinheiro, mais luz do que pão"

"A crise espiritual, fonte dos males atuais"
Outro soneto de Antero de Quental

PEDRO LEOPOLDO, 14 (Especial para *O GLOBO*, por Clementino de Alencar) – Muitas são as consultas que em nada vão além de preocupações puramente terrenas. E isso já nos serviu a observar como os Espíritos, no caso, falando pela palavra de Emmanuel, procuram sempre fugir àquele exclusivismo material, conseguindo, não raro, estabelecer uma relação entre os problemas humanos que estejam inteiramente à margem de sua vida espiritual e as cogitações que pairam, e os remédios que possam vir dos altos planos onde, segundo a doutrina, vivem os Amigos do Espaço.

Tal constatação parece-nos bastante significativa para os que convictamente lutam entre as contingências da Terra, pois vem, de certa forma, enobrecer um pouco certos detalhes mais tipicamente terrenos da existência, os quais tanto desdém merecem de certos credos, apesar do muito de dores que deles, detalhes, às vezes resultam para os homens.

E isto sempre conforta um pouco aos campeadores convictos da vida em que estamos, da única que percebemos sem nenhuma dúvida, vindo, afinal de contas, sempre dar um sentido mais digno àquilo que Fradique chamou "a escura disparada para a morte" e que, para o personagem de Shakespeare, não passaria de uma história tola contada por um idiota...

A verdadeira crise do mundo é uma só – a de ordem espiritual

A pergunta e a resposta que damos a seguir enquadram-se, sem dúvida, nas nossas considerações de acima.

Indagara o missivista:

– As nações estão vivendo um momento angustioso no terreno econômico. Qual a causa dessa crise que avassala o mundo?

Emmanuel respondeu assim:

"– Estão acertadas, no seu julgamento, quantas encontram, nas crises atuais, as modalidades várias de uma crise única – a de ordem espiritual.

Há, por todo o canto, o fermento revolucionário. Falece à política autoridade para organizar um programa que corresponda aos anseios gerais. A ciência, a cada passo, encontra-se num turbilhão de perplexidades. As religiões criaram um Deus antropomórfico, pondo de lado o "reino do céu" para alcançarem, por quaisquer meios, o "reino da Terra".

A alma humana, dentro dessas vibrações antagônicas, perde-se num emaranhado de conjecturas e de sofrimentos.

Vícios do pensamento, vícios dos costumes, vícios da alimentação

Essa inquietação geral, a ausência de paz nos corações, estabelecem a crise avassaladora que abrange todos os domínios da atividade humana.

As classes são dominadas pelos desvios de toda a ordem; vícios do pensamento, vícios dos costumes, vícios da alimentação. Que se poderia fazer para que a ordem se restabelecesse, para que o bem-estar social se efetivasse?

Far-se-ia mister pirogravar, no coração de cada homem, a legenda célebre de Delfos.

Os anseios e a luta tenaz do Espírito, como há dois mil anos

Observa-se, em todos os setores dos trabalhos do mundo, uma luta tenaz dos anseios do Espírito que almeja paz e libertação.

Há quase dois milênios, quando a civilização, simbolizada no poderio romano, entregava-se a todos os desregramentos e desvarios, fez-se ouvir a voz consoladora do Mestre, o Salvador esperado por muitos séculos de ansiedade e profecias.

Sob a sua divina influência, uma transformação radical se operou dentro da civilização trabalhada pelos hábitos perniciosos. A sua vida sacrificada foi legada ao homem como o sublime modelo; sua palavra foi deixada no mundo como a lei áurea de liberdade das almas.

A culminância de hoje

Passado, porém, o arrebatamento da fé, novamente os abusos da maldade humana se fizeram sentir por toda a parte, e dos quais se observa, na atualidade, a culminância.

O apelo aos sentimentos da fraternidade cristã

Todavia, ainda é para Jesus que os homens necessitam voltar os seus olhos. A missão do moderno Espiritualismo é trazer a chave dos conhecimentos acerca dos seus grandes e inolvidáveis ensinamentos. Enquanto não compreenderem os homens os seus deveres de fraternidade cristã, não há possibilidade de se evitar as crises que assoberbam o mundo.

Mais verdade do que dinheiro, mais luz do que pão

A guerra continuará amortalhando os corações; os artigos de primeira necessidade serão destruídos pela falsa diretriz econômica de alguns países, quando muitos choram a falta de pão; a confusão prosseguirá dentro de todos os seus matizes, até que a crise espiritual seja solucionada pelo esforço do homem, a fim de que a luz se faça no seu coração. O que se depreende, pois, do confusionismo hodierno, é que os homens necessitam mais de verdade que de dinheiro, de mais luz espiritual que de pão. –Emmanuel."

As compactas legiões sombrias

Do arquivo do "médium" retiramos, hoje, mais alguns versos.

Trazem ao pé o nome de Antero de Quental e foram psicografadas a 19 de novembro de 1934:

Almas sofredoras

Passam na Terra, como as ventanias
Ou como agigantadas nebulosas
Provindas de cavernas misteriosas,
Essas compactas legiões sombrias;

Turbas de alma escravas de agonias,
Com que andei entre queixas dolorosas,
Ao palmilhar estradas escabrosas.
Entre as noites mais lúgubres e frias!

Oh! Visões de martírios que apavoram,
Miseráveis Espíritos que choram,
Sob os grilhões de rude sofrimento!

Orai por eles, bons trabalhadores,
Que estais colhendo sobre a Terra as flores
De um doce e temporário esquecimento.

41

Emmanuel fala-nos sobre a medicina dos homens e o problema angustioso das guerras

A máxima de Juvenal continua de pé – A necessidade, para extinção das guerras, da renovação das diretrizes econômicas dos povos – O imperativo da mais intensa educação pessoal e coletiva – Guerra, consequência natural dos defeitos das leis humanas

PEDRO LEOPOLDO, 16 (Especial para *O GLOBO*, por Clementino de Alencar) – Ocupar-nos-emos, hoje, de algumas respostas dadas por Emmanuel a indagações a respeito de guerras e da medicina da Terra.

Sobre este último ponto, a pergunta feita era esta:

"– Como encaram os Espíritos a medicina da Terra?"

O sagrado sacerdócio

Dados a atividade de certos "médiuns" que se dedicam à cura de males físicos, e os conflitos que, não raro, estabelecem-se entre os processos da medicina espírita e os da terapêutica terrena, a resposta apresenta-se interessante, sobretudo pelo esclarecimento que, de certa forma, dá sobre a razão e as possibilidades daqueles métodos mediúnicos de cura e o benefício que deles porventura resulta para o doente.

Tal esclarecimento, entretanto, nós apenas o podemos deduzir da resposta, pois é digno de ressaltar-se que, nela, Emmanuel, ao contrário do que se poderia supor, não faz propriamente defesa alguma exclusiva da medicina espírita. Limita-se a expor um ponto de vista sobre o problema dos males terrenos, exaltando mesmo, nessa esfera, as atividades dos médicos da Terra, nas quais aponta um "sagrado sacerdócio".

E detendo-se, um momento, em traçar a observação acima, o repórter não teve outro intuito que não o de, mais uma vez, significar a isenção com que resolutamente se lançou, nesta reportagem, em torno do "médium" de Pedro Leopoldo.

Agora, passemos à resposta.

Trabalho santificante e abnegação redentora

A resposta de Emmanuel à indagação acima é a seguinte:

"– A medicina, no quadro das ciências, é uma das maiores benfeitoras da humanidade; no seu seio, não são poucos os Espíritos que se têm dignificado pelo trabalho santificante e pelas abnegações redentoras.

Digna de todo acatamento, é lícito esperar-se dela muito de realizações em favor dos que, na Terra, lutam e laboram pela conquista do aperfeiçoamento.

É uma questão de dar-se tempo ao tempo. Paulatinamente, ela resolverá muitos dos mais intricados problemas da microbiologia, no seu objetivo de conservar a saúde humana.

É pena que os sistemas medicinais se degladiem tanto na exposição de seus processos de cura; todos eles apresentam as suas vantagens, e o que é mais necessário, a quantos aceitam os seus postulados, é encararem sua posição como decorrente de um sacerdócio muito sagrado.

Micróbios e elementos de ordem espiritual

É verdade que grande número de moléstias constituem enigmas dolorosos para a ciência dos homens, não obstante o avanço dos compêndios nosológicos. É que os micróbios patogênicos se associam a elementos sutilíssimos de ordem espiritual.

Um problema, grandioso demais pela sua transcendência, afronta os conhecimentos científicos – o das provações individuais, necessárias ao aprimoramento psíquico de cada um.

Relacionando enfermidades do corpo e da alma

Daí se infere a vantagem que adviria, para os processos medicinais, se a terapêutica espiritual estivesse sempre unida a quaisquer sistemas de cura. As enfermidades do corpo obedecem, geralmente, às enfermidades da alma; os tratamentos que a esta fossem aplicados o seriam em identidade de circunstâncias ao veículo das suas manifestações.

Aconselharíamos, pois, à medicina em geral a intensificação dos processos magnéticos de cura, a sugestão e, sobretudo, a disciplina da mente, força central e coordenadora dos fenômenos vitais. A mente educada representa a maior fonte de auxílios à medicatriz, elemento regenerador de todas as funções do organismo.

A máxima de Juvenal

E, em geral, secundando os esforços médicos, todos os homens deveriam ser fiéis observadores dos tratamentos preventivos, principalmente no tocante às questões da higiene, dos exercícios físicos, da ginástica respiratória, dos abusos da alimentação, dos desvios morais. A observância dos preceitos necessários seria eminentemente benéfica, portadora das melhores condições para a saúde do indivíduo e da coletividade.

Mais do que nunca se faz mister o estudo acurado do "Mens sana in corpore sano".

Vê-se pois que, apesar da evolução do presente, não se pode prescindir das experiências do passado. Nos tempos de Einstein e Marconi, ainda há necessidade da máxima antiga de Juvenal.

Emmanuel."

Estará o mundo livre de guerras?

Passemos às perguntas que se preocupam com a ideia da guerra.

Diz uma:

"– Estará a Humanidade livre das guerras?"

Eis a resposta do guia:

"Não consideramos como definitivamente afastada do seio das

nações a ação nefasta das guerras. Para tanto ser, faria mister que os homens, em geral, estivessem integrados no conhecimento dos seus deveres cristãos, o que não acontece. Por muito tempo ainda, cremos que, infelizmente, a humanidade será perseguida pela guerra e pela coorte de seus infortúnios e desgraças; cremos que a sua extinção se verificará somente depois de uma renovação radical, nas diretrizes econômicas adotadas pela maior parte dos países, aliada ao sentimento de solidariedade e fraternidade universais que, segundo a educação necessária, deve ser o característico das gerações futuras.

Consequência natural dos defeitos das leis humanas

Outra pergunta:

"– A guerra obedece a um determinismo no plano da evolução?"

Resposta:

"Crê-se que a guerra obedeça a leis deterministas; julgo, porém, que proferir semelhante conceito é avançar muito. Ela é a consequência natural dos defeitos das leis humanas.

A necessidade imprescindível do momento do mundo é a solução do problema educativo. Faz-se precisa a educação pessoal e coletiva; da primeira, decorre o progresso particular; da segunda, a evolução do mundo e das suas leis. – Emmanuel."

Sobre o mesmo assunto, há ainda outras respostas que enviaremos a seguir.

42

PRESIDIDOS TAMBÉM PELO ESPÍRITO OS FENÔMENOS FÍSICO-QUÍMICOS

Até nos corpos inanimados se encontra vida
Leibnitz e os seus princípios

PEDRO LEOPOLDO, 19, (Especial para *O GLOBO*, por Clementino de Alencar) – Entre as consultas apresentadas a Chico Xavier, algumas há que lhe foram trazidas pessoalmente pelo consulente.

Estão neste grupo as que enviamos hoje e foram entregues ao médium à tarde, por um estudioso de Física e Química.

Esse consulente recebia as respostas pouco mais tarde, ao início da noite.

A consulta, feita naturalmente com a intenção de teste, parte de pontos os mais simples, para estudantes daquelas ciências, até alguns já bem mais complexos.

As perguntas foram as seguintes:

"– É a química uma ciência?"

"– Não será a química apenas uma parte da física?"

"– Será a reação química apenas manifestação de energias físicas?"

"– Que se passa na natureza íntima da matéria, durante uma reação química?"

Ciências intimamente associadas

Nas suas respostas, Emmanuel, como que desejando, por sua vez, acompanhar a linha ascendente das perguntas – do simples ao complexo – parte também de uma singela afirmativa para, no salto da síntese, chegar até às mônadas de Leibnitz...

E foram as seguintes as respostas psicografadas por Chico Xavier, que, conforme os nossos leitores certamente se recordam, já foi uma vez o confidente humilde de Berthelot...

"– É a química uma ciência?"

Resposta:

"– Sem dúvida".

"– Não será a química apenas uma parte da física?"

Resposta:

"– De fato, a física e a química apresentam grandes afinidades entre si. Seus fenômenos, porém, são bastante especificados para que ambas se confundam em uma só, na esfera das ciências.

Enquanto a primeira tem por finalidade o estudo dos fatos naturais, apresentados pelos corpos quando estes não sofrem modificação alguma, a segunda analisa os fenômenos que transformam a natureza íntima dos corpos.

Enquanto a química estuda a constituição dos corpos, suas propriedades e a lei de suas combinações e decomposições, a física examina as leis que tendem a transformar o movimento e o estado desses corpos, sem lhes alterar a estrutura.

Todavia, em todos os fenômenos que regem a vida da matéria em geral, a física e a química estão intimamente associadas".

Fatores de ordem espiritual sobre todos os fenômenos da matéria

"– Será a reação química apenas manifestação de energias físicas?"

Resposta:

A reação química e a energia física têm suas afinidades dentro das ciências que lhes dizem respeito, sem serem, todavia, pura manifestação uma da outra.

Consideremos, sobretudo, o seguinte: a vida é universal. Toda a matéria está cheia de movimento e de vida, apresentando os fenômenos físico-químicos em todos os graus de complexidade.

Sobre todos esses fatos, porém, há uma força vital, grandiosa na sua autonomia, controlando os mínimos acontecimentos, em sua generalidade, e que implica a existência de causas inteligentes. Sobre todos os fenômenos físico-químicos, portanto, predominam fatores de ordem espiritual que somente compreendereis com a expansão do progresso futuro.

Emmanuel".

Como se vê na "química" dos desencarnados, a matéria pura, a chamada inanimada, aparece acrescida de um elemento novo, o "fator de ordem espiritual", o que torna a resposta de Emmanuel coerente com a mensagem publicada já, em que Berthelot nos fala do "filamento imponderável que une o finito ao infinito, o visível ao invisível".

Residirá nisso, certamente, toda a divergência que porventura se observe na noção que, dos fenômenos físico-químicos, tenham os "vivos" e os "mortos".

Fatos de vida na matéria inanimada

Passemos à pergunta seguinte:

"– Que se passa na natureza íntima da matéria, durante uma reação química?"

Resposta:

"– O que se passa na natureza íntima da matéria durante uma reação química é um fenômeno natural resultante da ação que lhe foi infligida.

O que necessitam considerar quantos se entregam à decifração dos enigmas da matéria é que a vida é universal. Nas menores partículas do Universo observam-se os fenômenos vitais; a matéria foi dividida em inanimada e organizada pela ciência. Contudo, essa divisão implica apenas um jogo de palavras, já que se encontram, na considerada matéria morta, fatos de vida, como os fenômenos do mundo mineral.

Para lá da insuficiência sensorial

Toda a matéria está associada ao movimento, e os acontecimentos íntimos que determinam as modificações na sua estrutura estão, em sua maior parte, fora de todas as vossas possibilidades de observação, problema solúvel dentro da insuficiência sensorial. Eles, contudo, não estão submetidos a forças cegas, e sim às leis transcendentes que imperam entre as mônadas espirituais. – Emmanuel."

Depois de já psicografada essa resposta, o guia fez uma correção no primeiro período onde tinha sido escrito: "... da ação que foi inflingida".

A alma sem janelas...

Essa referência à mônada, aquela espécie de alma sem janelas, de Leibnitz, faz que lembremos que o inatismo do filósofo alemão, como o de Platão, admitindo que os conhecimentos todos já existem, embora de modo confuso, em nosso Espírito, tornar-nos-ia também compreensível, em caso como o do "médium" de Pedro Leopoldo, mesmo quando puséssemos de parte a hipótese espírita da comunicação com os mortos, ou o dogma, como querem os seus adeptos.

É verdade que a teoria Leibnitziana já foi longamente negada pelos remanescentes escolásticos, embora Santo Thomaz reconhecesse, na alma, o poder de operar sobre as energias da natureza material...

43

O NACIONALISMO DIANTE DA LEI DA FRATERNIDADE

Universo – objetivação do pensamento divino

PEDRO LEOPOLDO, 21 (Especial para *O GLOBO*, por Clementino de Alencar) – Numa das cartas enviadas a Chico Xavier, o missivista, considerando o conceito do nacionalismo em face das leis fraternas de que repetidamente fala Emmanuel, indaga:

"– Se o nacionalismo multiplica as energias de um povo, parece, entretanto, que vai de encontro à lei da fraternidade. Como deveremos entendê-lo?"

Desejos e entusiasmos compreensíveis

Emmanuel assim responde a esse consulente:

"– Compreendemos que se deva amar o pedaço de terra que nos viu nascer e compreendemos também o desejo de engradecê-lo pelo trabalho, pela inteligência, pelo progresso, tornando-o digno da admiração dos outros. Aliás, todas as concepções do verdadeiro patriotismo se enquadram no esforço de cada indivíduo em favor da evolução geral.

Fazer, porém, a apologia desses movimentos nacionalistas que, a pretexto de unificação e energia administrativa, operam a revivescência das autocracias de outrora, incentivando as guerras, provocando revoltas, coibindo o pensamento, é desconhecer as leis da solidariedade humana.

Aplaudir essas iniciativas que consideramos como atentatórias à lei fraterna que rege os mundos e as almas seria cooperar para o desvirtuamento de todos os princípios da justiça e da ordem.

A mística nacionalista e o bem coletivo.

Ninguém pode prever as consequências dessa mística nacionalista que, na atualidade, percorre o mundo de bandeirolas ao vento. Em todas as organizações políticas encontram-se concepções elevadas que interessam, de perto, a vida do Estado; mas todo e qualquer extremismo, dentro delas, é prejudicial ao bem coletivo.

O isolamento dos Estados e o desequilíbrio econômico

Cria-se a política dos governos fortes a fim de se incentivar as energias nacionais. Isola-se o Estado e, nesse isolamento, os grandes erros começam porquanto os desequilíbrios econômicos são inevitáveis.

Os homens não podem fugir aos dispositivos do código da fraternidade universal. Cada individualidade dá o que possui no problema das possibilidades e das vocações, no edifício do progresso coletivo. Uma traz a ciência, outra a arte, outra uma nova modalidade evolutiva.

Quando os países lavram a própria condenação

Dentro do mundo, são assim as nacionalidades, no tocante à produção. O que se faz necessário é regulamentar-se a troca dos produtos de cada uma. Ainda aí encontramos as lições de fraternidade da natureza.

Um país, pretendendo isolar-se no mundo, lavra a sua própria condenação.

O Universo é o Pensamento Divino em sua expressão objetiva

Não vemos, portanto, nenhuma legitimidade nesse exclusivismo antifraterno. Fisicamente, as nações representam somente o patrimônio da Humanidade. O Universo é o Pensamento Divino em sua expressão objetiva. O plano de perfeição una absorve todas as coisas, impondo a lei de Fraternidade a todas as criaturas.

O amor de Deus envolve a criação infinita. Para a sua misericórdia, portanto, um país não vale mais do que outro; e os homens, sejam europeus, africanos, hotentotes, todos são irmãos.

Obras puramente humanas...

As rajadas de guerras, de nacionalismos incompreensíveis, são obras humanas, envolvendo grandes e temíveis responsabilidades individuais e coletivas. Todavia, todos os feitos do homem na esfera da existência transitória são assinalados pelo seu caráter temporal. O que existe é a lei divina, é a alma imortal.

Evolução

A evolução pode ser lenta, mas é segura; pode ser combatida, mas será aceita em tempo oportuno.

A História é o vosso roteiro. Onde se encontram a Esparta e a Atenas de outrora? Que sopro destruidor pulverizou as esplendorosas civilizações que floresceram junto do Ganges, do Nilo, do Tigre, enchendo de vida as suas margens? Que força extra-humana soterrou a Roma poderosa da Antiguidade, num aluvião de cinzas?... Onde se acham as suas galeras soberbas cheias de patrícios e de escravos, as suas conquistas, os seus impérios faiscantes?...

A mão do processo evolutivo, invisível e misteriosa, que estancou as lágrimas da plebe sofredora, subjugou os tiranos, assinalando as suas frontes com o estigma da maldição dos séculos.

Os ventos da noite sobre as ruínas...

O progresso vem trabalhando com sacrifícios e, sobre as ruínas do Coliseu e de Spalato choram, amargamente, os ventos da noite.

O poder de homens e de nações passa como a sua própria ação. Daí a necessidade da difusão do conceito imortalista da vida, para que a humanidade concentre as suas possibilidades na aquisição dos tesouros espirituais, os únicos que se não dissipam no vórtice das mutações da matéria.

E as promessas do Espiritualismo

O moderno Espiritualismo, explicando aos homens, em espírito e verdade, as lições trazidas ao mundo por Jesus, há de reparar os excessos do nacionalismo, integrando as criaturas no conhecimento das verdadeiras leis fraternas e extinguindo os ódios raciais que infelicitam a humanidade."

44

A TERRA NÃO PASSA DE UM DETALHE OBSCURO NO ILIMITADO DA VIDA

Uma resposta de Emmanuel sobre a pluralidade dos mundos e as diversas moradas do espírito nos planos físicos

PEDRO LEOPOLDO, 23, (Especial para *O GLOBO*, por Clementino de Alencar) – Uma pergunta que já nos ocorrera apareceu também na correspondência de Chico Xavier.

Alguém desejava saber se a Terra é o único planeta onde, dentro da chamada lei da evolução, têm os Espíritos de fazer os seus estágios nos planos físicos.

A esse respeito, já divulgamos a mensagem intitulada "Belezas de Saturno", tirada da série "Cartas de uma morta", e na qual o belo planeta das várias luas apresenta-se cheio de encantamentos e maravilhas, habitado por uma população de seres superiores e sábios, tal como se estivesse ali localizada uma "prodigiosa estância de perfeições do Universo".

Quando, porém, a pergunta surgiu do seio da correspondência do "médium" e foi por este apresentada a Emmanuel, o guia lembrou haver já, há tempos, feito uma comunicação que envolvia a resposta à indagação de agora.

Os Espíritos têm muitas moradas nos planos físicos.

Conseguimos obter, de um amigo do "médium", cópia dessa mensagem.

Eis o que nessas páginas, às quais intercalamos, como de hábito, subtítulos, diz-nos Emmanuel:

"Os estudiosos, há muitos séculos, guardam as verdadeiras concepções do Universo, o qual não se encontra circunscrito ao minúsculo orbe terreno, e é representado pelo infinito dos mundos, dentro do infinito de Deus.

Não obstante as teorias do sistema geocêntrico, que encarava a Terra como o centro do grupo de planetas em que vos encontrais, a ideia da multiplicidade dos sóis vinha, de há muito, animando o cérebro dos pensadores da Antiguidade.

Infelizmente são inúmeros os que duvidam dessa realidade inconteste, aprisionados em escolas filosóficas que pecam pelo seu caráter obsoleto e incompatível com a evolução da humanidade em geral. Apesar da objetiva dos vossos telescópios, os quais descortinam, na imensidade, "as terras do céu", julga-se erradamente que apenas o vosso mundo oferece condições de habitabilidade e somente nele se enxerga o florescimento da vida.

A Terra é até dos piores lugares...

É que não reconhecem como a Terra minúscula é apenas um ponto obscuro e opaco no concerto sideral e nada existe nela de proeminência que lhe outorgue, em particular, o privilégio da vida; em contraposição aos assertos dos negadores, podeis notar cientificamente que é mesmo em vosso planeta o local do Universo onde a vida encontra mais dificuldades para se estabelecer.

A grande luta por uma vida sem harmonia nem espontaneidade

Grande é a tortura dos seres racionais que no mundo terráqueo buscam guarida, porquanto, do berço ao túmulo, suas existências representam uma grande soma de esforços, combatendo com a natureza inconstante, com as mais diversas condições climatéricas, arrasadoras da saúde e causas de um combate acérrimo da parte do homem, porque não lhe é possível viver em afinidade perfeita com a natureza, submetida às mais bruscas mutações, sendo obrigado a criar o seu lar, a sua habitação, que representa sua escravidão primeira, impedindo-lhe uma existência cheia de harmonia e de espontaneidade.

O vosso mundo vos obriga a uma vida artificial, já que sois obrigados a buscar, quotidianamente, o sustento do corpo que se gasta e consome nessa batalha sem tréguas. Nele, as mais belas faculdades espirituais são frequentemente sufocadas, em virtude das necessidades imperiosas e inadiáveis da matéria.

Por que tantos mundos criados para o eterno silêncio dos desertos?

Não! Que se calem os que puderam descobrir a vida apenas em vossa obscura penitência de náufragos morais!... Por que razão a Vontade Divina colocou na amplidão essas plagas longínquas? Enxergar sobre esses mundos distantes somente objetos de estudo da vossa astronomia é um erro; eles se acham, às vezes, regulados por forças mais ou menos idênticas às que controlam a vossa vida. Em sua face, observam-se os fenômenos atmosféricos e outros cuja explicação se encontra inacessível ao vosso entendimento. Por que os formaria o Criador para o eterno silêncio dos ermos e dos desertos?

Podeis conceber cidades bem construídas, abarrotadas de tesouros e magnificências, apodrecendo sem habitantes?

Um detalhe obscuro no ilimitado da Vida

Há mundos incontáveis, e muitos deles formados de fluidos rarefeitos, inatingidos, na atualidade, pelos vossos instrumentos de óptica.

A Terra não representa senão um detalhe obscuro no ilimitado da Vida, região da amargura, da provação e do exílio. Constituindo, porém, uma plaga de sombras, varrida, muitas vezes, por cataclismas de infortúnio e destruição, deve representar, para todos quantos a habitam, uma abençoada escola, onde se regenera o Espírito culpado e onde ele se prepara para um glorioso porvir.

Significa um dever de todo o homem a obrigação de atenuar as más condições do seu meio ambiente, aplainando todas as dificuldades de ordem material e moral, porquanto a evolução depende de todos os esforços individuais, no conjunto das coletividades.

Forças ocultas, leis desconhecidas esperam que a alma humana delas se utilizem e, à medida que se espalhe o progresso moral, mais os homens se beneficiarão na fonte bendita do conhecimento.

Desequilíbrios que obedecem a uma lei eterna

Para a humanidade, a revelação das outras pátrias do firmamento, fragmentos da Pátria Universal, não deve constituir uma razão para desânimo de quantos se entregam aos labores profícuos do estudo. Os desequilíbrios que se verificam no orbe terreno obedecem a uma lei de justiça acima de todas as coisas transitórias; e o dever primeiro do homem é colaborar em todos os minutos de sua passageira existência, em prol da melhoria do seu próximo, porque trabalhar por outrem é engrandecer-se.

O conhecimento das condições perfeitas da vida em outros mundos não deve trazer abatimento aos extremistas do ideal. Semelhante verdade deve encher o coração humano de estímulos sagrados.

Oração ao Universo

Saudai, pois, o concerto da vida do seio dos vossos combates salvadores!

Sóis portentosos, luzes policrômicas, mundos maravilhosos, existem embalados pelas harmonias que a Perfeição eleva à Entidade Suprema!

Além de Sírius, da Ursa, de Hércules, outras constelações atestam a grandeza divina. Os firmamentos se sucedem, ininterruptamente, nas amplidões etéreas, mas a humanidade, para Deus, é uma só, e o laço do seu amor reúne todos os seres".

A lente espiritual...

Eis aí o que nos revela Emmanuel com relação à pluralidade dos mundos e das moradas da alma nos planos planetários.

Infelizmente, essa maravilhosa objetiva espiritual, com que ele nos aconselha a olhar para o estrelado infinito, parece pouco adaptável aos telescópios da Terra.

E os astrônomos continuarão a ver, através das imensidões siderais, onde as distâncias já se medem por "anos-luz", apenas uma panorama vertiginoso de mundos silenciosos e desertos...

45

A OUTRA VIDA, OS SEUS MISTÉRIOS E REVELAÇÕES

Cada um receberá segundo as suas obras

PEDRO LEOPOLDO, 25 (Especial para *O GLOBO*, por Clementino de Alencar) – Muitas das perguntas que chegaram ao "médium" referiam-se a pontos da Doutrina Espírita. As respostas a elas dadas foram, pois, colhidas pelo repórter, juntamente das relativas a outras questões. E, dentro da própria isenção com que temos exposto tudo o que diga respeito ao caso Chico Xavier, parece-nos muito natural que apresentemos também esse material colhido pela reportagem, embora reconheçamos a sua feição doutrinária.

Os primeiros tempos no Além – Céu e inferno

Passemos, pois, a essas perguntas e suas respectivas respostas.

Primeira indagação:

"– Como decorrem para o Espírito desencarnado os primeiros tempos no Além-Túmulo? Haverá um céu e um inferno?"

Assim respondeu Emmanuel:

"– A vida do Espírito desencarnado, nos primeiros tempos do pós-morte, reflete em geral as ações de sua existência terrena. Os que viveram mergulhados nos estudos dignificadores encontrarão meios de desenvolvê-los dentro de sociedades esclarecidas que os acolhem, segundo os imperativos das afinidades espirituais.

Os que viveram no mundo divorciados da prática do bem, submersos nas satisfações viciosas, sofrem naturalmente a consequência dos seus desvios. As concepções de céu e inferno estão, pois, simbolizadas no estado da consciência redimida no trabalho e na virtude ou escrava do vício e do pecado.

A sagrada esperança

A seguir, surge esta pergunta em que se sente todo o anseio da alma humana que a desdita fez ficar enlutada, na Terra:

"– Em desencarnando, encontra a alma os seres que amou e que partiram para o Além antes dele?"

A resposta de Emmanuel, confortadora:

"– Nem sempre encontramos, ao despertarmos na existência do Além, todos aqueles que participavam das nossas dores e júbilos da Terra. Alguns entes caros parecem apartados ainda de nós para sempre. Todavia, todos nós encontramos, dentro da misericórdia divina, quem nos elucide e guie, caridosamente, no dédalo das incertezas e das dúvidas.

Dia virá, porém, em que teremos a consoladora certeza de encontrar todos os seres com os quais estamos unidos pelos laços do Amor; e essa certeza constitui grande felicidade para todos os Espíritos."

Não há tempo determinado para o intervalo das reencarnações

Outra pergunta:

"– A reencarnação só se verifica depois de um determinado tempo de vida espiritual no Além?"

Resposta:

"– Não há tempo determinado no intervalo das reencarnações da alma. No espaço compreendido entre elas, o Espírito estuda, nos planos em que se encontra, as possibilidades do futuro, ampliando seus conhecimentos e adquirindo experiências, a fim de triunfar nas provas necessárias.

De um modo geral, são as próprias almas que se reconhecem necessitadas de luz e progresso e pedem o seu regresso ao plano carnal. Contudo, em alguns casos como os de entidades cruéis, rebeldes e endurecidas, são os guias esclarecidos que se incumbem de lhes preparar a reencarnação amarga e penosa, mas necessária."

O sagrado patrimônio da Vida

"– Os que desencarnam no período infantil são Espíritos mais evoluídos, isentos de luta e provação na Terra?"

A essa pergunta assim respondeu o guia:

"– Alguns abandonam muito cedo o invólucro material, às vezes pelo motivo de serem obrigados somente a um pequeno resgate diante das leis que os regem... Em sua generalidade, porém, esses acontecimentos estão enfeixados no quadro das provações precisas.

Os suicidas, por exemplo, depois de se evadirem da oportunidade que lhes foi oferecida para o resgate do seu passado, estão muitas vezes sujeitos a essas penas. Querem viver na Terra novamente, tragar corajosamente o conteúdo amargo do cálice das expiações dos seus erros; porém, as experiências costumam fracassar, a fim de compreenderem eles o quanto é sagrado o patrimônio da vida que nos foi concedido por Deus".

A reencarnação e as divergências espiritualistas

A seguir, o consulente fere este ponto de divergência das correntes espiritualistas:

"– Por que existem, dentro do próprio Espiritualismo, os que aceitam e os que negam a reencarnação?"

Resposta:

"– Semelhantes anomalias são devidas aos poderes de preconceitos prejudiciais e obcecantes.

Muitos cérebros e muitas coletividades são, pelos Espíritos, encontrados já trabalhados por dogmas incompreensíveis, bastante cristalizados nas mentes.

Nossa tarefa, então, para orientá-los e esclarecê-los no terreno das verdades transcendentes, é muito lenta, para que não percamos os benefícios já feitos.

Não duvideis, contudo, de que, em futuro próximo, alcançaremos a unidade das teorias reencarnacionistas em todos os núcleos do Espiritualismo hodierno."

Outra pergunta sobre a reencarnação:

"– Sempre existiu no mundo a ideia da reencarnação?"

Resposta:

"– A ideia da reencarnação vem das mais remotas civilizações e só ela pode dar ao homem a solução dos problemas do destino e da dor. Todos os grandes filósofos dos tempos antigos a aceitavam, e só nos últimos séculos a verdade da preexistência das almas foi obscurecida pelos argumentos sub-reptícios de quantos desejam conciliar inutilmente os interesses de ordem divina com as coisas passageiras do egoísmo do mundo."

O Espiritismo e as outras religiões

A última pergunta do gênero respondida por Emmanuel foi a seguinte:

– "Qual o papel do Espiritismo diante das outras religiões?"

Eis o que disse o guia:

"O Espiritismo é o consolador prometido por Jesus aos homens, o qual deveria aparecer quando a humanidade estivesse apta a compreender o seu ensinamento velado nas parábolas.

Ele não vem destruir as religiões, mas uni-las e fortificá-las, desviando-as das concepções dogmáticas que lhes foram impostas pelo interesse e a ambição propriamente humanos.

Infelizmente, apesar de sua pureza, a consoladora doutrina dos Espíritos tem sido, muitas vezes, objeto da exploração criminosa daqueles que não respeitam os seus princípios austeros e moralizadores. Cada um, porém, receberá segundo as suas obras: e nenhuma influência humana poderá impedir a sua evolução no seio da humanidade.

Emmanuel."

ÍNDICE ANALÍTICO *

---

* Os números referem-se à numeração dos Capítulos.

N

O

P

Q

R

X

IDE | Conhecimento e educação espírita

No ano de 1963, Francisco Cândido Xavier ofereceu a um grupo de voluntários o entusiasmo e a tarefa de fundarem um periódico para divulgação do Espiritismo. Nascia, então, o Instituto de Difusão Espírita - IDE, cujos nome e sigla foram também sugeridos por ele.

Assim, com a ajuda de muitas pessoas e da espiritualidade, o Instituto de Difusão Espírita se tornou uma entidade de utilidade pública, assistencial e sem fins lucrativos, fiel à sua finalidade de divulgar a Doutrina Espírita, por meio de livros, estudos e auxílio (material e espiritual).

Tendo como foco principal as obras básicas de Allan Kardec, a preços populares, a IDE Editora possui cerca de 300 títulos, muitos psicografados por Chico Xavier, divulgando-os em todo o Brasil e em várias partes do mundo.

Além da editora, o Instituto de Difusão Espírita também se desenvolveu em outras frentes de trabalho, tanto voltadas à assistência e promoção social, como o acolhimento de pessoas em situação de rua (albergue), alimentação às famílias em momento de vulnerabilidade social, quanto aos trabalhos de evangelização infantil, mocidade espírita, artes, cursos doutrinários e assistência espiritual.

Ao adquirir um livro da IDE Editora, além de conhecer a Doutrina Espírita e aplicá-la em seu desenvolvimento espiritual, o leitor também estará colaborando com a divulgação do Evangelho do Cristo e com os trabalhos assistenciais do Instituto de Difusão Espírita.

www.idelivraria.com.br